CURA e LIBERTAÇÃO

O Sol

Ei dor, eu não te escuto mais,

Você não me leva a nada

Ei medo, eu não te escuto mais,

Você não me leva a nada

E se quiser saber pra onde eu vou,

Pra onde tenha sol, é pra lá que eu vou

E se quiser saber pra onde eu vou,

Pra onde tenha sol, é pra lá que eu vou.[1]

¹ Trecho da canção *O Sol*, de Jota Quest. Disponível em: <http://www.vagalume.com.br/jota-quest/o-sol.html#ixzz1WWHq0NHD>. Acesso em 30 ago. 2011.

JOSÉ CARLOS DE LUCCA

Mais de 1 milhão de livros vendidos

CURA
e
LIBERTAÇÃO

Obrigado por comprar uma cópia autorizada deste livro e por cumprir a lei de direitos autorais não reproduzindo ou escaneando este livro sem a permissão.

Intelítera Editora
Rua Lucrécia Maciel, 39 - Vila Guarani
CEP 04314-130 - São Paulo - SP
(11) 2369-5377 - (11) 93235-5505
intelitera.com.br
facebook.com/intelitera
instagram.com/intelitera

Os papéis utilizados foram Book Paper 70g/m² Imune Avena New para o miolo e o papel Cartão Ningbo Fold 250g/m² para a capa. O texto principal foi composto com a fonte Sabon LT Std 13/18 e os títulos com a fonte Eras Medium ITC 26/30.

Editores
Luiz Saegusa e Claudia Zaneti Saegusa

Direção editorial
Claudia Zaneti Saegusa

Capa
Thamara Fraga

Projeto Gráfico e Diagramação
Gerson Reis e Pedro Japiassu Reis - Estúdio Japiassu Reis

Revisão
Cristina Lourenço

Finalização
Mauro Bufano

Impressão
Lis Gráfica e Editora

17ª Edição
2025

Cura e Libertação
Copyright© Intelítera Editora

Dados Internacionais de Catalogação na Publicação (CIP)
(Câmara Brasileira do Livro, SP, Brasil)

De Lucca, José Carlos
  Cura e libertação / José Carlos De Lucca -- São Paulo : Intelítera Editora, 2011.

  ISBN: 978-85-63808-10-3

  1. Cura pelo espírito 2. Espiritismo 3. Jesus Cristo - Ensinamentos 4. Libertação espiritual I. Título.

11-11002   CDD-133.901

Índices para catálogo sistemático:
1. Cura espiritual : Doutrina espírita
   133.901

JOSÉ CARLOS
DE LUCCA

MAIS DE 1 MILHÃO DE LIVROS VENDIDOS

CURA e LIBERTAÇÃO

intelítera
editora

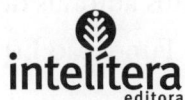

O autor cedeu os direitos autorais deste livro à Rádio Boa Nova, emissora da Fundação Espírita André Luiz.

Sumário

Palavras do autor | 11
Prefácio | 13
Prece ao amanhecer | 15
Terapia mental | 21
O sal da Terra | 27
Libertação espiritual | 35
Curando a dor da morte | 43
Removendo as pedras do caminho | 53
Cura-te, liberta-te | 61
Dois passos para a transformação | 69
Cores verdadeiras | 83
Bata as suas asas | 91
Volta por cima | 103
Atraindo bênçãos | 117
Abismo ou ponte? | 131
Como sair das trevas | 143
Descer da árvore | 153
Acredite na vitória | 163
Nunca pare de sonhar | 177
Mensagem colocada na porta do consultório médico | 191
Seu jardim secreto | 205

Você não é um cadáver | 217
Maria, a mãe que cura e liberta | 225
Você estará em meu coração | 235
Prece do anoitecer | 239

Palavras do autor

Se a sombra das dificuldades se abateu sobre você, quero que sinta o calor do meu coração te aquecendo de esperança nos dias felizes que estão para chegar. Continue andando, ainda que a passos mais lentos, mas não pare de caminhar, não. Deixe-me andar um pouquinho ao seu lado. Enquanto andamos, abrimos as páginas deste livro que escrevi com o desejo de tornar o seu fardo mais leve. Enquanto escrevia, eu enxugava suas lágrimas, segurava firme sua mão, falava-lhe palavras de ânimo e coragem e o lembrava a todo instante da sua incrível força interior e do quanto você é amado por Deus. Espero que sinta tudo isso nas páginas deste livro. É a forma singela que encontrei para agradecer a você que tanto tem me ajudado a carregar o meu próprio fardo.

José Carlos De Lucca

Prefácio

O Dr. José Carlos De Lucca é companheiro de longa data, dos mais idealistas e sinceros que conheço em nosso Movimento Espírita. Dele sempre recebi palavras de encorajamento e compreensão, de incentivo e bondade, a fim de perseverar na singela tarefa que abracei na mediunidade.

Por tal motivo, prefaciar este seu livro, Cura e Libertação, é subida honra que, particularmente, acredito não merecer.

Escritor de méritos e orador dos mais requisitados no Brasil, o nosso De Lucca é autor de obras que lhe têm sido inspiradas pelos Espíritos que o assistem em sua trajetória doutrinária, já de tão relevantes serviços prestados à nossa amada Doutrina.

Escrevendo de maneira simples e objetiva, porém com excelente conteúdo, em Cura e Libertação, ele conduz o espírito do leitor ao que se propõe a partir do título deste volume: pela cura espiritual obtida, lograr a sua própria emancipação diante da Vida, predispondo-se a voos sempre mais altos aos Páramos da Luz!

Tenho absoluta convicção de que cada capítulo aqui alinhavado há de funcionar, para todos nós, à feição de salutar sessão de psicoterapia, sob o patrocínio de O Médico Jesus, título de um dos livros de sua lavra de maior sucesso editorial em nossa farta e rica bibliografia.

Assim sendo, auguramos votos ao valoroso confrade, que tantos exemplos de vivência espírita-cristã tem nos oferecido no cotidiano, juntamente com os seus familiares amados, para que a fonte cristalina de sua inspiração continue a jorrar generosamente nos dessedentando o coração.

Carlos A. Baccelli
Uberaba, 4 de agosto de 2011.

Prece ao amanhecer

Hoje eu acordei muito cedo e senti uma vontade enorme de conversar com Jesus. Pedi a Ele que ajudasse todos os meus familiares e amigos.

Mas também me lembrei de você.

Pensei que talvez ainda estivesse dormindo, por isso pedi a Jesus que abençoasse o seu sono a fim de que acordasse disposto para um dia de boas realizações.

Pedi fortemente a Ele que tocasse seu coração para que você não se esquecesse de amar a si mesmo.

Supliquei também que cada pessoa que cruzar o seu caminho no dia de hoje possa levar um pouquinho do seu amor.

Pedi a Jesus que colocasse paz em sua mente para que seus pensamentos fossem claros e serenos, e assim você pudesse tomar as melhores decisões e escolher os melhores caminhos neste dia.

Pedi ardentemente ao Mestre que enxugasse suas lágrimas se porventura a dor o visitasse, e que essas lágrimas lavassem seu peito da amargura e do desencanto.

Roguei a Jesus que, quando você estivesse com este livro às mãos, as forças divinas pudessem plantar novas ideias em sua mente.

Pedi a Jesus alegria quando você estivesse triste.

Pedi a Ele forças quando você se sentisse fraco e sem vontade de lutar.

Pedi a Ele humildade quando você estivesse orgulhoso.

E, finalmente, supliquei a Ele que você se lembrasse da morte quando estivesse desperdiçando a vida.

Ao terminar a oração, banhado em lágrimas de emoção, Jesus disse que meus pedidos seriam atendidos, por isso sei que você terá um lindo dia.

Assim seja.

CURA e LIBERTAÇÃO

Você é quem decide o que vai ser eterno em você, no seu coração. Deus nos dá o dom de eternizar em nós o que vale a pena, e esquecer definitivamente aquilo que não vale.

Padre Fábio de Melo [2]

² <http://pensador.uol.com.br/frases_do_padre_fabio_de_melo>. Acesso em 13 de setembro de 2011.

Terapia mental

> *As mágoas nos fazem adoecer, daí porque devemos interpretar quem nos ofende como doente. Se respondermos à ofensa guardamos conosco a lata de lixo que nos foi jogada. O ensinamento do Cristo é uma verdadeira terapia mental.*
>
> Chico Xavier[3]

Na visão de Chico Xavier, a mágoa poderia ser equiparada a uma doença transmitida pela bactéria da ofensa e que se desenvolve em nosso organismo quando não a combatemos com o antídoto do perdão. Quando seguramos a ofensa em nosso mundo interior, quando ficamos ruminando na mente as palavras que nos machucaram e muitas vezes até partimos para o revide, mergulhamos numa lata de lixo energético, com todas as consequências negativas que tal conduta implica, sendo a principal delas a erupção de muitas enfermidades.

Não podemos controlar o que os outros dizem a nosso

---

[3] *Lições de Sabedoria*, organização de Marlene Rossi Severino Nobre, FE Editora Jornalística.

respeito, tampouco as atitudes que têm para conosco. Mas temos o controle e a responsabilidade sobre a maneira de como iremos reagir a tudo isso. A mágoa não é a única possibilidade que se tem diante da ofensa. Usando uma linguagem figurada, Jesus propõe que, se alguém bater em nossa face, possamos também oferecer a outra.[4] Quando Jesus pede para fazermos assim, na verdade ele está nos ensinando a não agir da mesma forma que o agressor, não revidando a ofensa, não devolvendo a agressão. Jesus está mostrando que temos outra opção além do revide. Se devolvermos a ofensa, estaremos nos nivelando a quem nos agrediu, e assim ficaremos com a lata de lixo que nos foi jogada.

A agressividade é um mal que faz mal a quem a pratica. Revidar o mal com o bem é a melhor defesa para a nossa paz.

Muitas vezes, os nossos problemas decorrem do excesso de lixo emocional que temos guardado ao longo da vida. Precisamos fazer uma grande faxina em nossa mente e jogar fora todos os detritos acumulados em forma de mágoas e culpas. O médium Chico Xavier afirmava que o perdão é terapêutico, porque cicatriza as feridas emocionais causadas pelas pedradas das ofensas. Não perdoar é segurar o mal dentro de si, e, como o mal atrai o mal, damos oportunidade para que surjam em nossa vida moléstias, perturbações espirituais, dificuldades financeiras, agressões, acidentes, problemas amorosos, etc.

Não perdoar é assumir para si a lei da vingança, com o consequente retorno a nós mesmos de todo o mal que houver saído de nossos pensamentos, palavras e atitudes. Vamos nos lembrar de que seremos julgados pela mesma lei que julgamos os outros, conforme ensinou Jesus.[5]

---

[4] N.T. Mateus 5, 39.
[5] N.T. Mateus 7, 2.

Não perdoar é condenar-se; perdoar é obter a absolvição para si mesmo.
Perdoar é abrir mão da mágoa, é deixar de ser vítima.
Perdoar é não permitir que a nossa vida seja controlada pelos outros.
Perdoar é reconhecer que a pessoa que nos ofendeu também está magoada e doente.
Perdoar é abrigar-se num poderoso esconderijo contra a maldade alheia.
Perdoar é trazer saúde para o corpo e paz para o espírito.
Perdoar é tirar todos os nós que amarram a nossa vida.
Perdoar é um presente que se oferece primeiramente a si mesmo.
É um banho gostoso que tomamos quando nos sentimos sujos.
É deitar numa cama macia e confortável depois de anos dormindo no chão.
Perdoar é o caminho mais seguro para quem deseja voltar a ser feliz.

Quem deseja cura e libertação para sua vida precisa fazer do perdão uma prática diária e permanente. Comece esse trabalho agora mesmo, tão logo termine este capítulo. Gosto de um exercício mental que realizo imaginando minhas mágoas e culpas como balões que estão presos em meu corpo. Tudo o que tenho a fazer para perdoar é retirar os nós que me prendem a esses balões e soltá-los no ar. Visualizo fortemente os balões subindo às alturas até desaparecem por completo da minha visão e da minha vida, e faço isso com imensa vontade de querer me desligar definitivamente do mal que entrou em mim. Sugiro que você faça esse

| Cura e Libertação |

exercício sentindo Jesus ao seu lado ajudando-o a soltar os balões e levá-los para bem longe da sua vida.

Perdoar é isso: soltar, libertar-se de algo que nos amarra ao sofrimento, deixar ir o que nos machuca. Mas é preciso querer soltar, querer se desligar, porque muitos preferem segurar a mágoa ou a culpa para punirem aqueles que o ofenderam ou flagelarem-se com o próprio sofrimento. Eu compararia essa atitude com um verdadeiro suicídio.

Quem não perdoa ao próximo ou a si mesmo está se matando aos poucos.

A Dra. Robin Casarjian, terapeuta americana, aponta em seu livro pesquisas científicas que identificaram como característica psicológica-chave das pessoas com tendência ao câncer uma inclinação a guardar ressentimentos e uma marcada incapacidade de perdoar.[6] Por isso está certo Chico Xavier ao afirmar que as mágoas nos fazem adoecer e que o perdão é uma verdadeira terapia mental, pois tira da mente o lixo que pode cair em nosso corpo.

O perdão é assim o mais eficiente remédio para a cura e libertação de nossos males. Mas a decisão de tomar o remédio é de cada um de nós.

Estarei torcendo para que você solte o quanto antes os balões que estão impedindo a sua felicidade.

---

[6] *O Livro do Perdão*, Rocco.

A estrada da tua felicidade não parte das pessoas e das coisas para chegar a ti; parte de ti em direção aos outros.

Michel Quoist [7]

⁷ <http://www.frasesfeitas.com.br/?frases-feitas/por/Michel%20Quoist>. Acesso em 13 de setembro de 2011.

O sal da Terra

Vós sois o sal da Terra; e, se o sal for insípido, com que se há de salgar? Para nada mais presta senão para se lançar fora e ser pisado pelos homens.

Jesus[8]

COM ESSAS PALAVRAS ALEGÓRICAS, Jesus fala diretamente conosco, mostrando qual é a missão que nos cabe no mundo: "Vós sois o sal da Terra". Uma das propriedades básicas do sal é a de realçar o sabor dos alimentos; comida sem sal é comida sem gosto. Precisamos colocar sal em nossa vida, pois do contrário a vida se torna insípida, isto é, sem sabor, tediosa. Temperar a nossa vida com sal significa:

1. Colocar em ação as nossas capacidades e talentos, oferecendo o melhor de nós mesmos nas tarefas e situações em que estivermos envolvidos, seja no campo profissional, social, familiar ou espiritual.

---

[8] Mateus 5, 13. *Bíblia Sagrada*, Sociedade Bíblica do Brasil.

2. **Ter boa vontade para com as pessoas que cruzam nosso caminho, sobretudo as de temperamento difícil; e boa vontade para as situações adversas que desafiam a nossa capacidade de superação.**

Com Jesus, aprendemos que precisamos realçar o que temos de melhor, destacar a parte boa das pessoas e situações que nos cercam, procurando realizar o melhor ao nosso alcance. Se não agirmos assim, nossa vida perde sentido, nos tornamos imprestáveis e a fraqueza nos dominará. Inevitavelmente seremos "pisados pelos homens", como afirmou Jesus, querendo dizer que seremos derrotados pela forte correnteza das adversidades humanas.

O Mestre de Nazaré deixa a entender também que a maioria das coisas da vida está inacabada, vale dizer, o homem é chamado a ser sal da Terra para oferecer a sua contribuição pessoal na obra de Deus. Somos chamados a dar o nosso toque pessoal. Por isso não podemos esperar por uma vida isenta de desafios, ao contrário, é na superação dos desafios que o homem encontrará o sentido da própria vida ao descobrir que pode fazer em ponto menor o que Deus faz em ponto maior. Nisso reside a compreensão da expressão bíblica: "Sois deuses".[9]

Quando nos tornamos sal da Terra, abandonamos a mediocridade, a preguiça, a insegurança e o medo, cujos comportamentos são a causa da grande maioria dos nossos problemas. Nossa autoestima também se fortalece, e realizamos todo o potencial divino que mora em cada ser humano. Quando somos o sal da Terra, passamos a ser colaboradores ativos de Deus e não críticos da sua obra.

Por tal razão é que na vida muita coisa vem para nós sem

---

[9] N.T. João 10, 33-35.

tempero. Nós é que precisamos colocar o sal na medida certa. Tudo começa em mim. Eu preciso ser a mudança que desejo ver em minha vida.

Muitos querem uma vida melhor, mas não se tornam pessoas melhores.

Toda ação transformadora principia pela transformação de nós mesmos. Não adianta esperar pela mudança de fora sem a mudança de dentro. Nada muda se eu não mudo. Temos a liberdade de escolher no que desejamos transformar nossa vida.

Eu posso me tornar uma pessoa sem graça ou uma pessoa muito interessante.
Posso apagar meu brilho ou posso fazer brilhar minha luz conforme Jesus nos propõe.
O trabalho profissional em si mesmo não é bom nem ruim, depende de como o executo.
O casamento, por si próprio, não é uma instituição fadada ao sucesso ou ao fracasso, depende de como cada cônjuge se põe na relação.
A vida não é boa nem ruim, depende daquilo a que desejo dar destaque, se ao fracasso ou ao aprendizado, se à doença ou à saúde, se à tristeza ou à alegria, se ao sofrimento ou à oportunidade.

Como dissemos, a função do sal é realçar o sabor dos alimentos, portanto Jesus deseja ensinar que precisamos dar destaque ao que é saboroso em nossa vida, embora muitas pessoas insistam em realçar apenas as suas amarguras. Assim fazendo sempre estarão presas à infelicidade. Temos uma tendência quase obsessiva de frisar o que vai mal conosco, nos esquecendo de focalizar o que vai bem, e com isso acabamos com uma sensação equivocada de que a nossa vida é uma droga, quando na verdade apenas uma parcela dela não está do jeito que gostaríamos. E esse estado emocional negativo não nos estimula a colocar o sal nas situações que ainda não são do nosso agrado.

Nós é que damos sentido às coisas.

Podemos estar reunidos à mesa com a família com todo o requinte, pratos sofisticados, louças e talheres finos, empregados nos servindo, contudo, se não dermos um sentido positivo àquele instante a refeição se torna sem graça, rotineira, mais parecendo um velório do que uma alegre reunião em família. Frequentemente me pego lembrando das comidas que minha mãe fazia quando eu era criança. Repito às pessoas que nunca mais conseguirei saborear aqueles pratos simples e apetitosos que D. Manoela preparava. Lembro-me, com água na boca, do bolinho de arroz, do bife acebolado e da fritada de batatas. Insuperável.

Mas ultimamente estou em dúvida se a minha saudade era mesmo dos pratos que ela fazia ou se era do jeito tão especial com o qual D. Manoela conseguia manter a família feliz em torno da mesa. Não posso ignorar as habilidades culinárias de minha mãe, porém, quando eu me lembro dela cantando junto ao fogão, atenta em servir a todos com alegria e satisfação, quando eu me recordo dela puxando conversa boa durante a refeição, meus olhos se umedecem de lágrimas saudosas de um tempo muito feliz da minha vida. Minha mãe era sal da Terra em minha família. Ela sabia dar um sentido amoroso a tudo o que fazia e com as pessoas à sua volta.

Esse trabalho de ser sal da Terra deve principiar em nós.

Precisamos temperar a nossa própria vida com mais alegria, otimismo, estar decididos a nos ver com bons olhos, a ter boa vontade para conosco, carecemos realçar nossos potenciais criativos e colocá-los em ação, não esconder os nossos talentos debaixo da Terra como Jesus esclareceu.[10] Tem muita gente sofrendo na vida porque não quer ter o trabalho de crescer, deseja que a comida esteja sempre pronta e feita pelos outros, esquecendo-se de que cada um tem a responsabilidade de elaborar o seu próprio prato. Cada um experimentará a própria comida que fizer.

Durante a infância, nossos pais eram os responsáveis pela nossa alimentação emocional. Agora que somos adultos, tal responsabilidade passa a ser nossa, por isso cada um escolhe e tempera o que vai comer. Se a sua comida está sem tempero, não culpe os outros por isso. Provavelmente você deixou de temperá-la. Será que não está se esquecendo de colocar os temperos da alegria, boa vontade, amor e trabalho caprichados na elaboração do seu prato? Que ingredientes estão faltando na sua cozinha? Lembre-se de que o prato que você fizer não só é o prato que você vai comer como também é o prato que vai oferecer aos outros. Será que gostam da sua comida?

Curar a nossa vida é retemperar a maneira como lidamos com ela, colocando aqueles ingredientes que a tornam gostosa de viver.

Retempere a forma como trabalha. Retempere a maneira como se vê. Retempere o jeito de lidar com as pessoas. Retempere o modo de viver em família.

---
[10] N.T. Mateus 25, 14-30.

> *Nós viemos a este mundo para melhorá-lo através do melhor que temos a dar.*
> *Viemos para embelezar o mundo através da nossa beleza interior.*
> *Viemos construir a paz no mundo através da paz dentro do nosso lar.*
> *Viemos tornar o mundo mais justo através da nossa ética pessoal.*
> *Viemos trazer progresso através do nosso crescimento material e espiritual.*
> *Viemos acabar com a poluição reciclando o nosso lixo interior.*
> *O melhor presente que eu posso dar ao mundo é a minha felicidade, e a felicidade não dispensa umas boas pitadas de sal.*

Quem entendeu bem essas coisas foi o Gonzaguinha:

> *Viver, e não ter a vergonha de ser feliz*
> *Cantar e cantar e cantar a beleza de ser um eterno aprendiz*
> *Eu sei que a vida deveria ser bem melhor, e será,*
> *mas isso não impede que eu repita:*
> *é bonita, é bonita e é bonita.*[11]

---
[11] Trecho da canção *O que é, o que é?*

Tome conta de si mesmo. Deus concedeu a jurisdição de si mesmo, é você quem manda em você nos caminhos da vida.

Herculano Pires [12]

[12] *Obsessão, o passe, a doutrinação*, Paideia.

Libertação espiritual

Não acuse os Espíritos desencarnados sofredores pelos seus fracassos na luta. Repare o ritmo da própria vida, examine a receita e a despesa, suas ações e reações, seus modos e atitudes, seus compromissos e determinações, e reconhecerá que você tem a situação que procura e colhe exatamente o que semeia.

ANDRÉ LUIZ[13]

TEMOS UMA TENDÊNCIA DE TRANSFERIR a terceiros a culpa pelos nossos problemas. Dificilmente admitimos a nossa parcela de responsabilidade pelos fracassos que enfrentamos. Sempre será mais fácil e confortável dizer que a culpa é do outro, seja ele o chefe, o empregado, o professor, o cônjuge, o parente, o Governo, etc. Nem mesmo os Espíritos inferiores escapam da acusação de serem os responsáveis pelos nossos tropeços.

Quanto à possibilidade de sofrermos uma influência espiritual, não se pode negar que os Espíritos inferiores conseguem

---

[13] *Agenda Cristã*, psicografia de Francisco Cândido Xavier, FEB.

interferir negativamente em nossa vida,[14] tanto quanto os bons Espíritos atuam em nosso favor. Porém, a lição de André Luiz, entidade espiritual que se manifestou através de Francisco Cândido Xavier, é no sentido de que a maior parte das dificuldades que hoje defrontamos resulta da natureza de nossas ações ou omissões e não propriamente de alguma interferência espiritual negativa, a qual, acaso esteja ocorrendo, sempre será como causa secundária e nunca como causa principal dos nossos problemas.

A interferência espiritual inferior somente se processa pelo contato com as nossas próprias inferioridades.

Deve haver algum ponto de afinidade entre a maldade que vem de fora com o mal que ainda existe dentro de nós. Nenhum Espírito inferior entra na minha vida se não tiver encontrado alguma porta que deixei aberta.

Por tal razão é que André Luiz adverte para não acusarmos os Espíritos como responsáveis diretos pelos nossos fracassos. Note que interessante: é uma entidade espiritual, no caso André Luiz, quem está dizendo para não acusarmos os Espíritos pelas nossas quedas. André Luiz está no mundo espiritual e por isso tem maior amplitude de visão sobre o assunto. A interferência espiritual negativa pode até ocorrer, agravando nossos padecimentos, mas ela não é a causa principal dos nossos problemas. A causa principal somos nós. Essa é a verdade que precisamos encarar com maturidade.

Não adianta procurarmos tratamentos espirituais para afastar as energias negativas de nossa vida se nós somos a própria energia negativa pulsando vinte e quatro horas por dia.

---

[14] Consulte em *O Livro dos Espíritos*, Allan Kardec, capítulo IX, o tópico que estuda a influência oculta dos Espíritos em nossos pensamentos e atos.

Não adianta obtermos uma bênção espiritual se continuamos amaldiçoando a vida e as pessoas.
Como querer que o passe nos cure se não deixamos passar a tristeza e a mágoa?
Como pretender proteção para o lar contra as forças negativas se em casa impera o vício e a falta de respeito entre os familiares?
De que forma posso desejar que meus caminhos se abram se meus pensamentos estão fechados na falta de confiança em mim e em Deus?
De que nos adianta consultar os astros se não fazemos brilhar a estrela dos nossos talentos?

As companhias espirituais e as energias que nos circundam são atraídas pela nossa forma de agir, pensar e falar. Atração é a ideia central que não podemos perder de vista. A toda hora estamos atraindo energias e espíritos de conformidade com o nosso padrão de comportamento.[15] A atração se rege pela lei da afinidade, ou seja, os semelhantes se atraem e os opostos se repelem.

A regra elementar é a de que o bem atrai o bem repelindo o mal e que o mal atrai o mal afastando o bem.

Somos uma poderosa usina de forças atraindo e repelindo vibrações e companhias espirituais de acordo com a qualidade da nossa energia, a qual é determinada pela maneira como agimos, falamos e pensamos. Eu faço a minha energia e esta, como um poderoso ímã, vai ao encontro de tudo o que se lhe assemelha.

---

[15] Ver questão 466 de *O Livro dos Espíritos* sobre os motivos pelos quais poderemos ser influenciados pelos Espíritos imperfeitos.

É por tal razão que André Luiz pede que reparemos mais em nós mesmos do que na interferência espiritual negativa que possa nos atingir. Não podemos ficar preocupados com o ladrão, precisamos, sim, trancar as portas para que ele não tenha acesso à nossa casa, principalmente à nossa casa mental. Se conseguirmos erradicar o mal em nós, estaremos cortando os fios que nos ligam às más influências espirituais. Libertar-se de uma perturbação espiritual implica em cortarmos nossos vínculos com as sombras. As sombras exteriores se ligam pelas sombras interiores.

> *O que me liga a um Espírito maldoso é a maldade que alimenta as minhas atitudes e intenções.*
> *O que me une a um Espírito vingativo é a minha resistência em perdoar.*
> *O que me prende a um Espírito triste é a tristeza que cultivo em meu coração.*
> *O que me faz atrair energias negativas é a negatividade do meu modo de pensar, falar e agir.*

Allan Kardec, o codificador do Espiritismo, afirma que "se não existissem homens maus na Terra, não haveria Espíritos maus ao redor da Terra".[16]

E poderíamos complementar: *Se não existisse algum ponto de maldade em nós, não haveria Espíritos maus ao redor de nós.*

Devemos, portanto, observar a nós mesmos para identificar por quais pontos as más influências estão se ligando a nós. Com absoluta certeza, as nossas imperfeições morais são os pontos do contato.

---

[16] *O Evangelho Segundo o Espiritismo*, Allan Kardec, cap. XII, item 6.

> *A melhor técnica para se afastar um mau Espírito*
> *é o homem se tornar um espírito bom.*

E, para que possamos reparar melhor em nós mesmos, o Espírito Scheilla, através de Chico Xavier, oferece-nos uma lista de dez sinais de alarme indicando em quais momentos nos aproximamos de uma perturbação espiritual:[17]

- *Quando entramos na faixa da impaciência.*
- *Quando acreditamos que a nossa dor é a maior.*
- *Quando passamos a ver ingratidão nos amigos.*
- *Quando imaginamos maldade nas atitudes dos companheiros.*
- *Quando comentamos o lado menos feliz dessa ou daquela pessoa.*
- *Quando reclamamos apreço e reconhecimento.*
- *Quando supomos que o nosso trabalho está sendo excessivo.*
- *Quando passamos o dia a exigir esforço alheio, sem prestar o mais leve serviço.*
- *Quando pretendemos fugir de nós mesmos, através do álcool ou do entorpecente.*
- *Quando julgamos que o dever é apenas dos outros.*

Vamos meditar nesses pontos, refletir que através deles poderemos mergulhar num padrão de energias negativas que trarão embaraços à nossa vida. E, se já nos sentimos ligados a essas forças perturbadoras da nossa paz, procuremos o socorro espiritual no templo da nossa fé, mas guardando a certeza de que precisamos paralelamente extinguir as labaredas das inclinações infelizes.

---

[17] *Paz e Renovação*, psicografia de Francisco Cândido Xavier, IDE Editora.

| Cura e Libertação |

Afinal de contas, como afirmava Chico Xavier, "não adianta o diabo assoprar onde não há brasas".[18]

---

[18] *Inesquecível Chico*, Romeu Grisi e Gerson Sestini, GEEM.

A morte não mata o amor aos nossos filhos. Só amando a Deus você consegue entregar dois filhos de volta, sem que essa dor destrua você e sem que você atrapalhe o seu filho do lado de lá.

Célia Diniz [19]

[19] Mãe de Rangel e Mariana, desencarnados aos 3 e 27 anos de idade respectivamente, em depoimento constante do livro *As Mães de Chico Xavier*, organização de Saulo Gomes, InterVidas.

Curando a dor da morte

Querido pai, não acham você e a mãezinha que já choramos o suficiente? Não tenha dúvidas, estou vivo, mais acordado do que no tempo em que eu dormia no corpo pesado, e preciso de sua tranquilidade e da sua força de pai e companheiro a fim de complementar a minha transfiguração. Não permita que a tristeza lhe ensombre o espírito. Lembre-me alegre e feliz. Não mentalize o meu quadro final na experiência que passou. Esteja certo de que viveremos e de que Deus só permite a perenidade da alegria.

ALEX AUGUSTO PANDOLFELLI[20]

TRANSCREVEMOS ACIMA PEQUENO TRECHO de uma carta recebida mediunicamente por Chico Xavier, através da qual o espírito Alex Augusto, falecido aos 19 anos de idade, envia notícias e conselhos aos amados pais, Elvira e Jules Verne, desolados

---

[20] Mensagem do Espírito Alexandre Augusto Pandolfelli aos seus pais, psicografada por Francisco Cândido Xavier, publicada na íntegra no livro *Amor e Saudade*, organização de Rubens Silvio Germinhasi, IDEAL.

com a partida inesperada do filho querido. Alex sofreu uma parada cardíaca quando passeava em cidade praiana do Estado de São Paulo, distante da companhia dos familiares. Consta que Alex, de vida escolar inconstante, costumava dizer à mãe desde criança que não adiantaria estudar porque ele não passaria dos 18 ou 19 anos, prevendo assim a sua desencarnação em plena juventude.

Muitos se revoltam contra Deus nesses casos de mortes prematuras. Precisamos compreender que a vida na Terra é passageira, porque aqui não é o mundo principal. Nossa pátria verdadeira é o mundo espiritual, e a Terra é um mundo secundário porque de caráter transitório.[21] O mundo corporal não é o único nem o principal. Portanto, retornar ao universo espiritual não pode ser visto como uma tragédia em nossa vida, embora sempre fique a saudade do ente querido que deixou este plano de existência. O que morre na verdade é o corpo físico, e a alma, liberta da matéria, regressa à dimensão espiritual, a sua verdadeira morada.

> *Poderíamos comparar a morte ao retorno de um homem à sua pátria após longo período no estrangeiro.*

Somente conseguiremos curar a dor da partida do ente amado quando aceitarmos essa realidade, isto é, quando admitirmos que a vida na Terra é passageira, apenas uma etapa que o Espírito cumpre dentro do ciclo evolutivo, sem jamais deixar de existir em outros planos de vida.

Nossa missão na Terra

Renascemos no mundo físico para realizar estágios de apren-

---

[21] Segundo *O Livro dos Espíritos*, Allan Kardec, questão n. 85.

dizado visando ao nosso progresso intelecto-moral. Cada um vem com uma cota diferente de tempo, proporcional às experiências que deve realizar. Quanto mais experiências programadas, maior o tempo disponível. Quanto menor a necessidade de experiências, menor o tempo de duração da reencarnação. Cumprido esse período, seja ele maior ou menor, deixamos o plano terreno e retornamos às regiões espirituais com a bagagem das vitórias alcançadas e das lições não aprendidas. A partir desse balanço, programamos futuras experiências de regresso ao planeta Terra através de novas reencarnações, sempre visando ao nosso adiantamento. Nisso compreendemos um dos princípios básicos do Espiritismo a respeito da nossa evolução espiritual:

> Nascer, viver, morrer, renascer de novo e progredir continuadamente, tal é a lei.[22]

É sob tal aspecto que precisamos encarar a morte. Ela é apenas uma parte do ciclo da nossa evolução. É o término de uma fase, mas não é o fim de tudo, apenas o recomeço de uma nova etapa. A morte não dá a última palavra porque a vida sempre triunfa onde quer que o espírito se encontre. O jovem Alex concluiu o tempo que lhe fora destinado pela Justiça Divina e voltou ao mundo espiritual mais amadurecido com as experiências realizadas. E do lado de lá manda notícias através da abençoada mediunidade de Chico Xavier, chamando a atenção dos pais para questões muito importantes. Destaco aqui os seguintes pontos para a nossa reflexão, porque, cedo ou tarde, todos nós também um dia experimentamos a dor da separação de alguém que nos é muito caro e que viajou para as regiões do infinito.

---

[22] *Allan Kardec, O educador e o codificador,* Zêus Wantuil e Francisco Thiesen, vol. II, FEB.

1. Querido pai, não acham você e a mãezinha que já choramos o suficiente?

No mundo espiritual, Alex está preocupado com os pais que não param de chorar. Ele deixou o plano físico no mês de julho de 1982 e a mensagem a que estamos nos referindo é de fevereiro de 1984, portanto um ano e sete meses após a sua desencarnação. É justo que choremos a partida de um ente amado, é perfeitamente compreensível e humano que derramemos lágrimas de dor nesses momentos de sofrimento, sobretudo quando somos surpreendidos com uma partida inesperada, como ocorreu com os pais de Alex. Mas esse choro de lamentação ou revolta precisa ter fim, e é exatamente isso que Alex está tentando dizer aos pais: chega de choro, chega de tristeza. Quando a nossa tristeza não tem fim, estamos a um passo muito próximo da depressão. É por tal razão que Alex diz ao pai:

2. Não permita que a tristeza lhe ensombre o espírito.

Ensombrar é encobrir-se de sombra. Portanto, podemos afirmar que a tristeza é uma sombra em nossa vida, como se fosse uma nuvem que impede os raios do sol de iluminar o nosso caminho. Quem se deixa contaminar pela tristeza fecha as portas da felicidade em seu caminho. Até hoje ninguém conheceu uma pessoa verdadeiramente feliz que vive seus dias numa tristeza sem fim. O pai de Alex experimentava semelhante situação. Estava com a alma coberta pelas sombras da tristeza, e isso preocupava bastante o filho que, não obstante estivesse vivendo no mundo dos espíritos, sentia e sabia tudo o que se passava com os familiares que ficaram na Terra. A tal respeito, vejamos as palavras consoladoras do Espírito Sansão:

> Mães, sabeis que vossos filhos bem-amados estão perto de vós; sim, eles estão bem perto; seus corpos fluídicos vos envolvem, seus pensamentos vos protegem, vossa lembrança os inebria de contentamento; mas também as vossas dores sem razão os afligem, porque revelam uma falta de fé e constituem uma revolta contra a vontade de Deus.[23]

A saudade fica para sempre, mas a tristeza e a revolta devem passar porque compreendemos que nossos entes queridos não morreram nem se desligaram de nós, apenas se transferiram de domicílio para as regiões espirituais, vamos assim dizer, mudaram de endereço, mas ainda conservam os laços de amor e amizade que a morte não destrói. Alex compreendeu que, após um ano e sete meses de sua partida do plano físico, já era hora de os pais trocarem as lágrimas de tristeza pela compreensão de que a morte não existe e que os que se amam sempre estarão juntos pelos fios invisíveis do pensamento. É por tal razão que o filho suplica ao pai:

3. Preciso de sua tranquilidade e da sua força de pai e companheiro a fim de complementar a minha transfiguração.

Muitos espíritos no além sofrem pela intranquilidade dos familiares que ficaram na Terra. Como foi dito, nossos entes queridos após a morte continuam ligados a nós e sentem tudo o que se passa conosco. Nossa alegria deixa-os contentes e nossa tristeza os entristece. Nossos elogios os abençoam e nossas críticas os perturbam. Daí porque o jovem Alex escreveu dizendo que necessitava da tranquilidade do pai, precisa da sua força e companheirismo, a fim de seguir tranquilo e confiante em sua nova etapa de vida.

---

[23] *O Evangelho Segundo o Espiritismo*, Allan Kardec, cap. V, item 21.

Nosso amor pelo amigo querido que partiu não se acaba com a morte. O que faríamos a ele se estivesse encarnado conosco precisamos continuar fazendo após a viagem que ele empreendeu ao mundo espiritual. O amor carece de se tornar mais forte na distância, a amizade precisa se engrandecer mais ainda ante as barreiras que separam os dois planos da vida. Mas falamos de um amor alegre, e não de um amor triste que faz sofrer quem partiu. Falamos de um amor sem apego e que aceita a viagem do ente querido na certeza que isso era absolutamente necessário ao seu progresso espiritual e não de um amor que, amiúde, só pensa em si mesmo e nos prejuízos que a falta do outro nos causará. Quem partiu continua precisando do nosso amor. Vejamos o que Alex pede ao seu pai:

4. Lembre-me alegre e feliz. Não mentalize o meu quadro final na experiência que passou. Esteja certo de que viveremos e de que Deus só permite a perenidade da alegria.

Os que ficam na Terra precisam ajudar os que partem com bons pensamentos, boas palavras, boas lembranças e boas atitudes. Alex pede ao pai que se lembre dele alegre e feliz. Ele não quer que o pai fixe o pensamento nos momentos finais da existência física, naqueles derradeiros instantes em que a parada cardíaca retirou o filho do mundo físico. Alex clama ao pai que o relembre alegre e feliz e explica que Deus só nos deseja a alegria constante pela certeza de que viveremos todos para sempre. Que maior alegria poderemos ter ao saber que nossos amores não morreram, que a morte não roubou nossos filhos, que todos venceram a frieza da sepultura e vivem nas cercanias do além, muito próximos a nós, à espera do grande dia do nosso reencontro. Saudade, sim; tristeza, não.

Meditemos nesta mensagem, de autoria desconhecida,[24] mas que tão bem reflete a voz das almas queridas que hoje se encontram no mundo espiritual querendo curar o nosso coração das feridas da morte:

> A morte não é nada.
> Eu somente passei para o outro lado do Caminho.
> Eu sou eu, vocês são vocês. O que eu era para vocês, eu continuarei sendo.
> Me deem o nome que vocês sempre me deram, falem comigo como vocês sempre fizeram.
> Vocês continuam vivendo no mundo das criaturas, eu estou vivendo no mundo do Criador.
> Não utilizem um tom solene ou triste, continuem a rir daquilo que nos fazia rir juntos.
> Rezem, sorriam, pensem em mim.
> Rezem por mim.
> Que meu nome seja pronunciado como sempre foi, sem ênfase de nenhum tipo.
> Sem nenhum traço de sombra ou tristeza.
> A vida significa tudo o que ela sempre significou, o fio não foi cortado.
> Por que eu estaria fora de seus pensamentos, agora que estou apenas fora de suas vistas? Eu não estou longe, apenas estou do outro lado do Caminho.
> Você que aí ficou, siga em frente, a vida continua, linda e bela como sempre foi.

---

[24] Mensagem atribuída por alguns a Santo Agostinho, embora não haja fonte segura para tal afirmação.

Quando se busca o cume da montanha, não se dá importância às pedras do caminho.

Anônimo

[25] *Otimismo em Gotas*, R. O. Dantas, Editora Autoajuda.

Removendo as pedras do caminho

*Ninguém recolhe o bem sem conquistá-lo e
ninguém recebe o mal sem atraí-lo.*
EMMANUEL[26]

ESSE PENSAMENTO DE EMMANUEL É UMA CHAVE que abre as portas da solução de grande parte de nossos problemas. Talvez nós estejamos orando a Deus pedindo que este ou aquele problema seja resolvido, e Deus nos responde oferecendo esse pensamento capaz de equacionar nossas dificuldades. A ideia é muito simples, mas com um incrível poder de melhorar a nossa vida. O bem e o mal que entraram em nossa vida não são obras do acaso, nem uma questão de sorte ou azar. Nossa vida é regida pela seguinte Lei Espiritual:

**Tudo o que nos ocorre é decorrência de
conquista e atração.**

---

[26] *Antologia da Paz*, Espíritos Diversos, psicografia de Francisco Cândido Xavier, GEEM.

Segundo Emmanuel, representando o pensamento das esferas espirituais superiores, o bem é algo que devemos conquistar, é fruto do nosso mérito. Deus é soberanamente justo e bom,[27] e por isso trata os seus filhos da mesma maneira, concedendo a todos indistintamente capacidades e oportunidades de crescimento. Não há seres privilegiados na criação divina, pois, se houvesse, Deus não seria justo nem bom. Portanto, não se podendo falar em sorte ou azar, porque isso seria a negação da justiça de Deus, o bem é conquista do espírito que soube aproveitar os talentos e as oportunidades que Deus lhe concedeu. Até mesmo os problemas que nos ocorrem são mecanismos divinos propulsores do nosso progresso, pois o homem curiosamente tende a produzir mais nos períodos de carência do que nos momentos de abundância.

Ninguém espere recolher o bem em sua vida sem plantar as sementes do bem, e fazemos isso através de um conjunto de atitudes composto por palavras, pensamentos, sentimentos e ações. Quem quer recolher o bem precisa falar no bem, pensar no bem, sentir no bem e agir no bem. Carecemos de analisar quais sementes estamos plantando em nosso caminho porque elas inevitavelmente irão crescer ao redor de nossos passos. Essa lei espiritual já havia sido anunciada por Paulo, o Apóstolo: "O que uma pessoa plantar é isso mesmo que colherá".[28]

Por certo, Paulo aprendera esse conceito com Jesus de Nazaré:

> Pois o Filho do Homem virá na glória do seu Pai com os seus anjos e então recompensará cada um de acordo com o que fez.[29]

---

[27] *O Livro dos Espíritos*, questão n. 13, Allan Kardec.
[28] Gálatas 6, 7. *Bíblia Sagrada, Nova Tradução na Linguagem de Hoje*, Paulinas.
[29] Mateus 16, 27. *Bíblia Sagrada, Nova Tradução na Linguagem de Hoje*, Paulinas.

Está claro nesse princípio espiritual que cada um recebe na medida em que dá. A atitude é tudo. Não adianta esperar que algum milagre ocorra e nos dê aquilo que deve ser fruto de conquista com o suor do nosso rosto. Deus não fará por nós algo que nós já podemos realizar por conta própria. O milagre Ele já fez ao nos criar à sua imagem e semelhança, dotando-nos de todos os potenciais divinos necessários à realização da felicidade em nossa vida. Não basta crer, não adianta apenas orar ou ter fé, é preciso agir, é preciso plantar, lançar-se ao trabalho capaz de nos levar aos objetivos desejados. São sábias as palavras de Irmão José: "Não nos esqueçamos de que toda oração que o homem dirige a Deus é constituída de duas partes: a primeira parte é a do mérito, a segunda é a da bênção. Toda resposta divina depende do esforço humano! Se o homem não cumpre com a sua parte, a Lei Divina se sente impedida de cumprir com a sua".[30]

Aplicando essa lei em nossa vida prática, inevitavelmente chegaremos a algumas conclusões importantes:

Aquele que deseja receber da vida o melhor, precisa primeiramente dar à vida o melhor de si mesmo.
Quem aprecia ouvir palavras de otimismo precisa antes falar de otimismo para os outros.
Aquele que deseja receber vibrações positivas das pessoas carece de pensar melhor sobre a vida alheia.
Quem necessite de auxílio precisa desenferrujar os braços auxiliando o próximo.
Quem almeja ser amado tem antes o dever de amar.
Quem sente necessidade de perdão precisa ser o primeiro a perdoar.

---
[30] *Mediunidade, Corpo e Alma*, Espíritos Diversos, psicografia de Carlos A. Baccelli, Casa Editora Espírita Pierre-Paul Didier.

| Cura e Libertação |

Quem intenciona o progresso deve primeiramente progredir em trabalho e conhecimento.

A Lei Divina opera pelo câmbio do "dar e receber". Mas a maioria de nós ainda espera receber sem dar. Sacar sem depositar. Colher sem plantar. Muitos querem conhecimento sem estudo. Saúde sem cuidado. Mudança sem atitude. Amor sem dedicação. Progresso sem esforço. Proteção espiritual sem autoespiritualização. Não é uma contradição de nossa parte?

Libertar-se do mal que hoje nos fere é assumir o bem como opção de vida.
Somente se desvincula das trevas quem acende a própria luz.
Libertar-se das energias negativas é prender-se às energias positivas.
Defender-se do mal é atacar com o bem.
Libera-se do mal quem o esquece facilmente.
A melhor forma de se proteger dos inimigos é fazer muitos amigos.
Só se liberta da miséria quem assume seus talentos e os coloca a serviço da vida.
Só se liberta da ignorância quem abraça o conhecimento.
Só se liberta da doença quem aprende a viver em harmonia.
Só se liberta da violência quem aprende a ser manso e humilde de coração.

Se o mal foi atraído por nós, eu também posso extinguir em mim esses pontos de atração. A felicidade está muito mais em nossas mãos do que nas mãos de Deus. Por isso é que não basta deixar de fazer o mal, é preciso investir no bem através do trabalho constante. Os Espíritos que agem em nome de Deus não farão a nossa lição de casa, embora nunca nos faltem com o apoio e o estímulo necessários. Eis a sábia lição de Allan Kardec:

> Os Espíritos não vêm livrar o homem da lei do trabalho, mas mostrar-lhe o alvo que deve atingir e a rota que o leva a ele, dizendo: "Marcha e o atingirás! Encontrarás pedras nos teus passos; mantém-te vigilante e afasta-as por ti mesmo! Nós te daremos a força necessária, se quiseres empregá-la".[31]

Que tal começarmos agora mesmo a remover as pedras do nosso caminho? Deus nos dará a força necessária, temos os talentos necessários para transpor quaisquer obstáculos, todavia empurrar as pedras é tarefa nossa. Deus nos ajuda, mas nós damos o primeiro passo.

---

[31] *O Evangelho Segundo o Espiritismo*, Allan Kardec, cap. XXV, item 4.

O melhor remédio para o fracasso é a bênção do recomeço.

Jerônimo Mendonça [32]

[32] *Escalada de Luz*, Lar Espírita Pouso do Amanhecer.

Cura-te, liberta-te

Não fosse o problema, o homem haveria de se acomodar. É preciso que algo sempre incomode o homem para que, sentindo-se incomodado, ele procure soluções e caminhos, desenvolva a inteligência e a sua capacidade de autossuperar-se.

IRMÃO JOSÉ[33]

QUANDO SOMOS DEFRONTADOS por uma série de problemas, invariavelmente tentamos buscar ajuda nas mais diversas fontes. Se estivermos doentes, vamos ao médico. Se nosso problema é financeiro, pedimos empréstimo ao banco. Se a dúvida nos incomoda, nos socorremos do conselho de um amigo. Se a dor é espiritual, tentamos o consolo no templo da nossa fé, e assim por diante. Isso tudo é natural e até necessário, porque geralmente quase ninguém sai de um grave problema sem contar com a ajuda dos outros. Um dependente químico, por exemplo, dificilmente deixará o vício sem a cooperação de um profissional especializado e sem o apoio da família.

---

[33] *Mediunidade, Corpo e Alma*, Espíritos Diversos, psicografia de Carlos A. Baccelli, Casa Editora Espírita Pierre-Paul Didier.

Não raro, porém, queremos transformar os outros em salvadores das nossas dificuldades, isentando-nos de qualquer responsabilidade pela solução dos problemas, os quais, em última análise, foram criados por nós mesmos e, portanto, devem ser resolvidos por quem os deu causa. Não se nega que muitas vezes precisamos da cooperação alheia, mas quem está fora da dificuldade não tem a mesma parcela de responsabilidade de quem está vivendo a própria dificuldade, pois, em última análise, quem deu o nó é quem precisa desatá-lo. Por isso, será justo pensar que:

> *O médico ajuda, mas o doente é quem precisa tomar o remédio.*
>
> *O professor ensina, mas é o aluno quem deve aprender.*
>
> *O banco nos socorre com o empréstimo, mas a dívida é nossa.*
>
> *O sinal de trânsito orienta, mas observá-lo é incumbência do motorista.*
>
> *Deus ajuda, mas somos nós quem primeiro precisamos nos ajudar.*
>
> *A religião esclarece, mas a prática é por conta de cada um.*

Problemas são alavancas do nosso crescimento existencial

Sem experimentar dificuldades e obstáculos, dificilmente o homem buscaria o seu progresso. O problema geralmente é um sintoma de estagnação em nosso desenvolvimento interior. Todos estão submetidos à Lei de Evolução, a qual nos pede crescimento moral e intelectual.

> **Deus tem um projeto que é o de tornar seus filhos espíritos perfeitos.**[34] **A felicidade, portanto, é o compromisso que Deus tem com cada um de nós.**

---

[34] Veja resposta à questão n. 115 de *O Livro dos Espíritos*, Allan Kardec.

Quando vivemos acomodados nos recusando a crescer (evoluir) ou quando agimos em desacordo com um padrão de comportamento que já sabemos ser o melhor para nós, surge a estagnação, uma espécie de trombose no fluxo energético da vida, capaz de gerar problemas de toda ordem. O problema, portanto, é um sintoma da estagnação e que nos chama a atenção para a necessidade de desobstruirmos as artérias da nossa existência através de uma nova maneira de proceder.

Problemas são pressões que a Lei de Evolução realiza para que o homem se aperfeiçoe, transformando algo dentro de si mesmo.

Isso explica a queixa de muitas pessoas no sentido de que estão com os caminhos fechados, que nada dá certo para elas. Certamente os caminhos estão fechados porque a pessoa está fechada para a renovação, para o crescimento, para a transformação. Ela quer coisas novas fazendo tudo velho. Ela quer crescimento, mas não quer crescer. Deseja progresso, mas não quer progredir. Almeja que sua vida se transforme, mas não quer se transformar. Pretende receber benefícios, mas não quer saber de sacrifícios.

E Deus não vai colocar a mão nesse problema até a pessoa se dar conta que ela precisa mudar. Porque Deus deseja que seus filhos cresçam e amadureçam, e não fiquem eternamente como crianças mimadas pedindo coisas que, pelo seu desenvolvimento, poderão obter por conta própria. Deus nos fez cocriadores da obra divina. Podemos em ponto menor o que Deus pode em ponto infinitamente maior. Somos seres criadores, somos solucionadores de dificuldades, caçadores de soluções, perseguidores do progresso. Essa é a nossa missão na vida. E Deus não iria contrariar o seu projeto fazendo por nós aquilo que já somos capazes de fazer.

Quando nossas preces não são respondidas.

Quando oramos a Deus pedindo a solução de um determinado problema e sentimos que não obtemos resposta para nossas preces, o que está ocorrendo é que Deus está esperando primeiramente uma atitude nossa em relação ao problema que se apresentou. Porque Deus, como Pai amoroso que é, quando vê um filho passando fome e nota que ele nada pode fazer para se alimentar, imediatamente manda a solução pondo comida na boca do filho. Mas, se Deus percebe que o filho pode fazer alguma coisa para se alimentar, pode tomar alguma atitude para desencadear a solução do problema, Deus espera que a pessoa se movimente, que faça o que está ao seu alcance, para somente depois agir complementando o que for necessário para a resolução da dificuldade.

Quando você não pode agir, Deus age.
Quando você pode agir, Deus espera você
andar para Ele caminhar ao seu lado.

Se o problema me pertence, há uma lição oculta nele, um aprendizado que eu, e ninguém mais, deve realizar para curar definitivamente a dor que me desafia o crescimento interior. Ao buscarmos as soluções para os obstáculos que a vida nos apresenta, somos obrigados muitas vezes a buscar conhecimentos novos, mudar aspectos da nossa vida emocional, alterar comportamentos, modificar caminhos, enfim, é dessa forma que a vida vai compulsoriamente nos ensinando a crescer.

Portanto, problemas não são castigos divinos, antes são mecanismos educativos que a sabedoria divina dispõe para corrigir nossos passos na direção da felicidade que Deus programou para todos os seus filhos. E a felicidade é naturalmente proporcional à perfeição do espírito. Quanto mais o espírito progride, mais feliz ele é. Quanto mais ele retarda o seu adiantamento intelecto-moral, mais sofrimento ele experimenta em seu caminho.

Meditemos nesta bela lição de Néio Lúcio:

> A dor, em todas as ocasiões, é a serva bendita de Deus que nos procura em nome d'Ele, a fim de levar a efeito, dentro de nós, o serviço da perfeição que ainda não sabemos realizar.[35]

Quando nos revoltamos contra as dificuldades que nos surgem ou quando queremos transferir para os outros a resolução dos problemas que nos cabem, estamos impedindo que Deus execute o serviço do nosso aperfeiçoamento, e isso quer dizer que estamos fechando as portas para a nossa cura e libertação. Por isso era comum ouvir-se de Chico Xavier que nós deveríamos nos alegrar quando um problema surge em nosso caminho, porque é a forma através da qual Deus age para nos promover na vida. Comumente quem vive sem desafios está a caminho de muitos problemas. Mas, quando somos defrontados pelas dificuldades e não nos escondemos no medo ou no comodismo e nos lançamos corajosamente no enfrentamento do obstáculo, fazemos grande progresso na vida.

Esta é a mensagem bíblica que Deus tem para nós:

> Sejam fortes e corajosos; não se assustem, nem tenham medo deles, pois é o Senhor, nosso Deus, quem irá com vocês. Ele não os deixará, nem abandonará.[36]

---

[35] *Senda Para Deus*, Autores diversos, psicografia de Francisco Cândido Xavier, CEU Editora.
36 Deuteronômio 31, 6. *Bíblia Sagrada, Nova Tradução na Linguagem de Hoje*, Paulinas.

Atentemos para isso: Deus somente irá se nós formos. Deus torna forte o homem que arroja o medo para longe de si mesmo, Deus torna corajoso o homem que encara seus problemas de frente e os aniquila com a força de um gigante. Deus nos fortalece no curso dos acontecimentos e no momento em que agimos no melhor de nós mesmos. É esse Deus que caminha conosco enquanto estivermos caminhando.

Agora, quando paramos, Deus para.
Quando nos revoltamos, Deus espera.
Quando nos acovardamos, Deus senta.
Quando nos omitimos, Deus silencia.

Deus quer a nossa cura e libertação. Creia nisso com sinceridade. Deus está louco para fazer um milagre em sua vida. Mas para isso Ele precisa que você crie condições para o socorro divino. Por isso, por mais difícil que seja a sua situação, não pare de andar, caminhe adiante realizando tudo o que está ao seu alcance para equacionar as dificuldades de agora. Que você decrete o fim da queixa e da reclamação, que largue o comodismo e o medo, e se movimente firme e confiante na renovação do seu destino a partir da renovação de si mesmo para o melhor que Deus quer de você. Convença-se de uma coisa: ninguém melhora a vida sem se melhorar primeiramente.

Deus está olhando para você neste momento e observando o que você fará a partir de agora.

Será que Ele vai continuar sentado?

Eu não creio que Deus se importa onde nos graduamos e o que fizemos para ganhar a vida. Deus quer saber quem nós somos. Descobrir isso é o trabalho da alma — é o nosso verdadeiro trabalho da vida.

Bernie S. Siegel

Dois passos para a transformação

Vós e eu, por conseguinte, somos o problema, e não o mundo, porque o mundo é a projeção de nós mesmos, e para compreendê-lo precisamos compreender a nós mesmos. O mundo não está separado de nós; nós somos o mundo, e nossos problemas são os problemas do mundo.

KRISHNAMURTI[37]

O CAMINHO MAIS FÁCIL PARA AS TRANSFORMAÇÕES positivas que desejamos em nossa vida passa inevitavelmente por dois passos. Sem eles dificilmente o homem consegue se libertar dos obstáculos que o afligem; sem dar esses passos a vida não muda e os problemas se tornam crônicos. A par disso, vamos nos sentindo cada vez mais confusos e impotentes, como se estivéssemos amarrados sem saber o que fazer, sem saber para onde ir, e sem saber se ainda temos forças para mudar. Quando a crise se instala em nossa vida, seja ela de que espécie for, muitos se desesperam

[37] *O Poder do Autoconhecimento*, Editora Martin Claret.

e se afundam ainda mais na descrença e na inércia, esquecendo-se de que a crise pode ser o prenúncio da libertação das nossas dores, desde que tomemos a direção segura dos seguintes passos:

1. **Autoconhecimento**
2. **Atitude**

Conhecerão a verdade, e a verdade os libertará (Jesus).[38]

Para o Mestre de Nazaré, a libertação de todos os nossos males começa pelo conhecimento da verdade. Ora, se as raízes de todo o mal estão plantadas em nós mesmos, porque o homem é o jardineiro da sua própria vida, será justo pensar com Jesus que somente o conhecimento da verdade sobre nós mesmos pode nos libertar do mal que se enraizou em nós. Como afirmou Shakespeare, nosso destino não está nas estrelas, mas em nós mesmos. O ponto inicial de qualquer transformação só pode começar dentro de nós, porque o mundo de fora é apenas o reflexo do que acontece em nosso mundo íntimo.

Através do autoconhecimento, temos a possibilidade de identificar basicamente quais são os nossos pontos fortes e quais os nossos pontos fracos. Para o Dr. Stephen Bertman, o conhecimento de nós mesmos nos inspira a buscar a excelência através do desenvolvimento dos nossos pontos fortes e da prática da moderação em relação aos nossos pontos fracos.[39] Isso quer dizer que a transformação começa quando o homem conhece os seus potenciais e os estimula cada vez mais, bem como quando passa a conhecer também suas imperfeições, tentando diminuí-las a cada dia.

---

[38] João 8, 32. *Bíblia Sagrada, Nova Tradução na Linguagem de Hoje*, Paulinas.
[39] *Os Oito Pilares da Sabedoria Grega*, Sextante.

Gigantes adormecidos

A maioria das pessoas não conhece a si mesmo, sobretudo quando se trata de reconhecer as próprias capacidades, aquilo que denominamos de pontos fortes. Geralmente para nós é mais fácil reconhecer os pontos em que somos vulneráveis do que os pontos em que somos fortes. Reconhecemos mais facilmente em nós os defeitos do que as virtudes, exaltamos comumente mais as nossas quedas do que as conquistas. Quantas vezes ficamos surpresos quando alguém nos endereça um elogio. Nem acreditamos que a pessoa esteja falando a nosso respeito. É incrível como não acreditamos em nós. Chega a ser espantoso como duvidamos das nossas capacidades e talentos.

Por alguma razão, que pode estar ligada a diversos fatores, perdemos a fé em nós mesmos. E aqui está o primeiro ponto da transformação. Recuperar a fé em si mesmo. O autoconhecimento vai nos colocar em contato com aquilo que temos de melhor. Vai nos fazer recordar que somos pessoas valorosas, isto é, pessoas que têm um valor natural simplesmente porque somos filhos de Deus e, portanto, dotados de todas as capacidades inerentes à nossa filiação divina. Eu sou uma pessoa capaz, talentosa e inteligente porque Deus me fez assim. Essa é a minha imagem verdadeira. Eu só preciso reconhecer e acreditar nessa verdade, manifestando-a em meus atos, pensamentos e palavras. Não é para os outros que eu preciso provar isso, é para mim mesmo. Eu preciso acordar o gigante que dorme em mim.

Como escreveu Alberto Caeiro:

> Fôssemos nós como devíamos ser, e não haveria em nós necessidade de ilusão.[40]

---

[40] *O Guardador de Rebanhos*. Poema XLI. Heterônimo de Fernando Pessoa.

| Cura e Libertação |

Os problemas que nos atingem estão apenas querendo quebrar as ilusões deturpadas que fizemos a nosso respeito, sobretudo a ilusão de que somos fracos, incompetentes, doentes e sem merecimento para uma vida de realizações positivas. Quando solucionamos uma dificuldade, mostramos a nós mesmos que somos maiores do que julgávamos ser.

Em termos práticos, vamos nos lembrar todos os dias quais são as nossas características positivas, quais são os pontos fortes da nossa personalidade, pois isso fortalece a autoestima e traz a confiança interior necessária para superarmos quaisquer obstáculos que surjam no caminho. Além do mais, lembrando com frequência do que verdadeiramente somos, a tendência será a de nos comportarmos como pensamos que somos. O homem tende a agir de acordo com a imagem que faz de si mesmo. Olhe-se como aquele explorador que penetra o garimpo em busca das pedras preciosas da sua alma. Façamos isso diariamente, de preferência antes de iniciarmos as nossas atividades, como se estivéssemos tomando o nosso café da manhã. Estaremos alimentando nossa alma com nutrientes poderosos capazes de afastar o sentimento de inferioridade que afeta a maioria das pessoas.

Você ainda não descobriu todo o seu potencial.

E não deixe também de investigar capacidades e talentos que você certamente ainda não se deu conta que possui. Precisamos reconhecer nossas potencialidades e expandi-las. Muitos na vida, porém, estão se contraindo, estão fazendo menos do que podem, não desejam qualquer expansão das suas possibilidades de crescimento, embora possam até almejar um crescimento por fora, externo. Desejam que a vida melhore, mas não buscam a melhoria interior que somente pode decorrer do nosso aprimoramento físico, intelectual, emocional e espiritual. Querem é contração, acomodação, inércia, por isso ainda terão que enfrentar fortes tempestades em suas vidas até que se deem conta que somente a evolução nos põe a salvo dos problemas.

Temos infinitas riquezas interiores porque somos filhos de Deus. Será que já paramos para pensar no que isso significa? Já nos demos conta que herdamos de Deus todos os talentos necessários para vivermos na felicidade? E, se vivemos infelizes, é porque não estamos usando os recursos que Deus já nos deu. Nosso verdadeiro DNA[41] é de origem divina. Como ouvi certa feita do Padre Léo, o significado espiritual da expressão DNA quer dizer: *Deus é Nosso Autor.* Que imagem bela e verdadeira. Deus é o nosso autor, Deus é o pintor e nós somos o quadro. Portanto, como tudo aquilo que Deus faz é bom, eu também sou bom, sou a obra-prima do artista chamado Deus. Mas não sou a obra pronta.

O alicerce Deus colocou, agora o próprio homem deve se preencher do concreto divino para edificar a casa da felicidade por meio da vivência das virtudes espirituais que ele vem conhecendo através dos tempos.

E é exatamente onde falta esse concreto que aparece a área dos nossos pontos fracos.

Seu calcanhar de Aquiles.

O autoconhecimento também deve nos levar ao exame dos nossos pontos fracos, isto é, daquelas áreas do nosso ser em que ainda

---

[41] O ácido desoxirribonucleico (ADN, em português: ácido desoxirribonucleico; ou DNA, em inglês: *deoxyribonucleic acid*) é um composto orgânico cujas moléculas contêm as instruções genéticas que coordenam o desenvolvimento e funcionamento de todos os seres vivos. O DNA é responsável pela transmissão das características hereditárias de cada ser vivo.

somos vulneráveis, em que ainda não temos o devido controle e equilíbrio. Por exemplo, alguém pode ter um ponto forte que é sua inteligência, tem o raciocínio rápido, aprende com facilidade, mas na área emotiva tem um ponto fraco que é sua irritação constante, que a coloca em constante atrito com as pessoas, criando-lhe muitos problemas em seus relacionamentos pessoais e profissionais.

Na mitologia grega, vamos encontrar uma das mais populares metáforas sobre a fragilidade humana. Aquiles era filho de Peleu e Tétis. Desde o parto, Tétis tinha um pressentimento que seu filho teria uma vida demasiadamente curta. Ainda criança, Aquiles foi levado por sua mãe para ser banhado nas águas do Rio Estige, pois se dizia que elas tinham o poder miraculoso de tornar invulnerável o que nelas se banhasse. Tétis segurou seu filho Aquiles pelo calcanhar para mergulhá-lo num rio egípcio que o tornaria invencível, dessa forma, por um descuido, o calcanhar de Aquiles permaneceu seco. Durante uma batalha, no entanto, Aquiles tomou uma flechada em seu único ponto vulnerável: o calcanhar, que não havia sido banhado no rio por sua mãe.[42] A partir daí, a expressão "calcanhar de aquiles" indica o ponto fraco de uma pessoa.

O autoconhecimento irá nos colocar em contato com o nosso "calcanhar de Aquiles", ajudando-nos a evitar muitos problemas, bem como a remediar os que já surgiram. Quem se conhece tem a vantagem de mapear os pontos menos fortes da sua personalidade através dos quais os problemas estão surgindo. É como o bombeiro que, para debelar o fogo, precisa conhecer onde está o foco do incêndio. O homem que não conhece a si mesmo jamais conseguirá ser verdadeiramente feliz, pois ignora

---

[42] *As 100 Melhores Histórias da Mitologia*, A. S. Franchini e Carmen Seganfredo, L&PM Editores.

que todo o bem e todo o mal de sua vida está dentro de si mesmo. Irmão José, com muita propriedade, esclarece:

> Aquilo que o homem é, tende a exteriorizar-se em forma de atitude. O que ele termina por fazer é resultante da luta que trava interiormente.[43]

Nosso comportamento é uma consequência do que se passa dentro do nosso mundo interno, o mundo das emoções, sentimentos e pensamentos. Muitas vezes fracassamos na mudança de comportamento porque não mudamos o nosso mundo íntimo. Queremos mudar o mundo de fora sem mudar o mundo de dentro. Queremos mudar os outros sem mudar a nós mesmos. Queremos que o mundo mude sem que nós precisemos mudar um só milímetro.

Quem pensa com a cabeça de um derrotado jamais agirá como um vitorioso.
Quem vive com as emoções descontroladas jamais terá controle sobre sua vida.
Quem se sente doente dificilmente adotará posturas saudáveis.
Quem vive na carência afetiva não experimenta o amor nos relacionamentos.
Quem se sente o "patinho feio" se exclui da própria vida.

A ideia central é a que o mundo de fora é mera projeção do mundo de dentro. O que está fora na minha vida é aquilo que eu plantei dentro de mim. E da mesma forma que eu plantei eu posso arrancar as raízes daquilo que eu não quero mais que

---
[43] *Os 3 Passos do Autoconhecimento*, psicografia de Carlos A. Baccelli, LEEPP.

se manifeste em minha vida. O autoconhecimento nos ajuda a identificar essas raízes para sabermos onde precisamos trabalhar.

Quero que saiba que o autoconhecimento deve ser visto como uma ferramenta de trabalho do nosso aprimoramento. Não é uma terapia para vasculharmos nosso passado, tampouco deve se prestar para gerar mais culpas em nós. O autoconhecimento é uma espécie de sonda que permite a cada um se enxergar por dentro, a partir de um olhar neutro, que não é nem de culpa para com os nossos pontos fracos, tampouco de soberba a respeito das virtudes já conquistadas. E, a partir desse olhar sereno, gerar ações amorosas que envolvam as áreas do nosso mundo interior em conflito, de onde partem as nossas negatividades. Um ponto fraco da nossa personalidade é apenas um ponto onde está faltando amor. Nossas imperfeições atestam unicamente ausência de amor, e somente o amor pode curar nossas feridas interiores, transformando defeitos em virtudes.

Para nos ajudar na busca do autoconhecimento, Santo Agostinho propõe que, ao fim de cada dia, o homem faça as seguintes perguntas a si mesmo:

> Examinai o que podeis ter feito contra Deus, depois contra o vosso próximo e, finalmente, contra vós mesmos.[44]

Nesse exame de consciência vamos encontrar o foco do mal que nos atinge. O sofrimento não é castigo de Deus, apenas um sintoma de que o espírito adoeceu por se afastar da Lei do Amor. Quanto mais distantes estivermos do amor a Deus, do amor ao próximo e do amor a nós mesmos, mais próximos da dor estaremos. O autoconhecimento nos ajuda a perceber qual o tamanho dessa distância. Nossas negatividades são espaços

---

[44] *O Livro dos Espíritos*, Allan Kardec, questão n. 919-a.

vazios da alma onde o amor não se manifestou e onde o medo fez morada. A partir do medo poderemos nos tornar agressivos, apáticos, revoltados, egocêntricos, ansiosos, belicosos, vingativos, magoados, enfim, todas as emoções negativas resultam do medo que, no fundo, é apenas ausência do amor. No lugar do medo, precisamos colocar o amor que cobre a multidão dos nossos erros, como afirmou o Apóstolo Pedro.[45]

> *Em cada negatividade que encontrarmos em nós, em cada ponto fraco que identificarmos, não vamos colocar culpa ou julgamento. Vamos derramar o amor que cura afastando o medo, sobretudo o medo de não sermos amados.*

Esse é o nosso medo básico que tanto nos faz sofrer. Se, por exemplo, descubro que a ansiedade é meu ponto fraco, vou colocar o amor nessa ferida, vou me sentindo seguro no amor de Deus. Não tenho que temer pelo futuro, porque Deus me ama e prepara os meus caminhos para o que de melhor deve acontecer comigo. Mesmo diante do problema mais difícil, a face de Deus não se esconde de mim e o Pai dirige minha vida para um amanhã feliz. Eu também derramo amor por mim ao saber que terei forças e capacidades suficientes para vencer qualquer dificuldade que me surgir, porque sei que somente o amor é real, somente o bem é verdadeiro, que minha destinação é a luz e não as trevas. Portanto, através do autoconhecimento, eu posso me render definitivamente ao amor.

> *Dor é distanciamento do amor.*
> *Curar a dor é retornar ao amor.*

---

[45] N.T. Pedro 4, 8.

Atitude faz a diferença

Depois de identificarmos os focos interiores do desamor, devemos passar imediatamente ao plano das atitudes que manifestem o amor em nossa vida. E de que forma podemos fazer isso? Comecemos por nós mesmos e nos façamos algumas indagações:

1. *Quais são os pontos fortes da minha personalidade?*
2. *Como posso hoje ser mais amoroso comigo?*
3. *Que atitudes tomarei para demonstrar isso?*
4. *Estou comprometido a me tratar como gostaria que os outros me tratassem?*
5. *Estou disposto a ser mais responsável por mim mesmo trabalhando pelo meu progresso material e espiritual?*
6. *Estou empenhado em não viver mais acomodado com os meus vícios e defeitos?*
7. *Já sei que preciso perdoar o meu passado de equívocos para recomeçar minha vida em novas bases?*

Em relação ao próximo, também poderíamos nos perguntar:

1. *O que devo fazer para melhorar o meu relacionamento com as pessoas?*
2. *Estou disposto a aceitá-las como elas são?*
3. *De que maneira posso ajudar alguém em dificuldade?*
4. *Estou disposto a pensar que, quando Jesus nos pede para amar ao próximo, Ele não está se referindo apenas aos nossos familiares e amigos, mas a todos os seres viventes do Planeta, incluindo os nossos inimigos?*
5. *Estou comprometido a ser indulgente com as imperfeições alheias?*

Por fim, quando Santo Agostinho se refere ao amor a Deus, não seria justo também nos indagar:

1. *Estou ciente de que Deus me ama e manifesta esse amor a todo instante?*
2. *Estou consciente de que estarei mais próximo de Deus através da oração e do trabalho de amor ao próximo?*
3. *Já me perguntei o que será que Deus quer de mim?*
4. *Estou certo que preservar a natureza e o meio ambiente é respeitar a casa planetária que Deus construiu para todos morarem?*
5. *Já me dei conta de que a melhor oferenda que posso fazer a Deus será viver bem com o meu semelhante?*
6. *Estou convicto de que a humildade e a simplicidade me deixam bem pertinho de Deus?*

A cura e a libertação que tanto almejamos estarão nas respostas que cada um der a essas perguntas. Bem, acho que diante de tantas questões a meditar, eu o convido a um momento de silêncio interior, pois é na acústica da nossa alma que Deus quer falar de amor com você neste instante.

As suas habilidades são tão ilimitadas quanto as de Deus, porque você é uma porção distinta da essência Dele.

Wayne W. Dyer [46]

[46] *Simples Assim*, EKO.

Cores verdadeiras

Me mostre um sorriso
Não fique infeliz, não me lembro
Da última vez que te vi sorrindo
Quando este mundo te deixar louco
E você tiver aguentado tudo que pode aguentar
Me ligue, porque você sabe que eu estarei aqui

E eu verei suas cores verdadeiras brilhando
Eu vejo suas cores verdadeiras, e é por isso que te amo
Então não tenha medo de mostrá-las
Suas cores verdadeiras, cores verdadeiras
São lindas como um arco-íris.[47]

APRECIO MUITO ESSA CANÇÃO DE PHIL COLLINS. A melodia é bela e a letra me inspira sentimentos profundamente suaves e amorosos. Resgatam o melhor que tenho em mim. Resgatam as minhas cores verdadeiras que, ao longo da vida, ficaram desbotadas pelas dores que me feriram e que me trouxeram uma visão distorcida daquilo que verdadeiramente sou. Creio que muitas vezes nos parecemos a uma aquarela se descolorindo pelo

---

[47] Trecho traduzido da canção *True Colors* de Phil Collins (http://www.vagalume.com.br/phil-collins/true-colors-traducao.html).

pincel do sofrimento. Eu quero imensamente poder ajudá-lo a resgatar suas cores; suas cores verdadeiras.

Não esse cinza-chumbo de preocupação que o deixa com o semblante carregado e que somente aumenta o peso dos seus tormentos.

Não esse roxo de raiva que apenas arrasa o sistema nervoso e o deixa ainda mais descontrolado.

Não esse branco de pavor resultante do receio de enfrentar a vida e que o torna cada vez mais temeroso.

Não esse amarelo de vergonha por ainda não ter levado adiante seus sonhos e que o deixa desmotivado.

Eu quero trazer de volta as suas cores verdadeiras. As cores com as quais Deus o criou num momento de amor profundo. Deus não cria no atacado. Deus cria no varejo; filho por filho.

No momento em que você foi criado, Deus sorria e pensava amorosamente somente em você.

Cada um de nós é uma obra rara, inigualável, porque somos diferentes uns dos outros. Você não é igual a ninguém e ninguém igual a você. Por isso você é muito especial. E somente Deus poderia criar dessa maneira tão especial, criativa, amorosa. Quando Deus cria, Deus ama, e, quando Deus ama, só algo de muito extraordinário pode acontecer.

Este versículo do Salmo de Davi expressa muito bem esse sentimento:

> Graças te dou pela maneira extraordinária como fui criado! Pois tu és tremendo e maravilhoso! Sim, minha alma o sabe muito bem.[48]

---

[48] Salmo 139, 14. *Novo Testamento com Salmos e Provérbios*, King James, Edição de Estudo, Abba Press Editorial.

Sua alma deve saber disso, e eu estou aqui para lembrá-lo se você esqueceu a maior verdade sobre sua vida: você foi criado de maneira extraordinária. Óbvio, então, que você é extraordinário e sua alma não pode esquecer isso jamais. Você talvez esteja se sentindo inferior, doente, rejeitado, falido, desqualificado, incompetente, mas nada disso corresponde ao que de fato você é. As imperfeições são estados temporários da nossa ignorância espiritual. Você não é uma peça defeituosa que saiu das mãos de Deus. Você é uma peça extraordinária, única, especial. Talvez a maior crueldade que podemos fazer conosco é esquecer a verdade do que realmente somos. Essa é a ignorância que ainda temos sobre nós mesmos. Jesus também se preocupou com essa questão e procurou também resgatar as nossas cores verdadeiras:

> Vós sois a luz do mundo. Uma cidade edificada sobre um monte não pode ser escondida. Igualmente não se acende uma candeia para colocá-la debaixo de um cesto. Ao contrário, coloca-se no velador e, assim, ilumina a todos os que estão na casa. Assim deixai a vossa luz resplandecer diante dos homens, para que vejam as vossas boas obras e glorifiquem o vosso Pai que está nos céus.[49]

Jesus fala que você é luz do mundo. Já pensou no que isso significa? Você tem luz suficiente para iluminar o mundo. Muitas pessoas já experimentaram essa força extraordinária e transformaram o mundo com a luz interior que carregavam dentro de si. Lembraria aqui apenas de alguns iluminados conhecidos: São Francisco de Assis, Madre Teresa de Calcutá, Irmã Dulce, Francisco Cândido Xavier, Thomas Alva Edison, Alexander Fleming,

---

[49] Mateus 5, 15-16. *Novo Testamento com Salmos e Provérbios*, King James, Edição de Estudo, Abba Press Editorial.

Albert Einstein, Louis Pasteur, Mohandas Gandhi, Ludwig van Beethoven, Leonardo da Vinci, Charles Chaplin e Martin Luther King Jr. Todos eles mostraram suas cores verdadeiras ao mundo.

Mas o que desejo lembrar-lhe é que o nosso nome também pode estar nessa lista. Deus não nos fez de matéria diferente das pessoas que eu mencionei. Deus não tem seres especiais na criação, aliás, eu diria que todos são especiais para Deus. Você é especial, extraordinário, e talvez esteja precisando acordar do pesadelo de se achar medíocre e inferior. Não apague a sua luz. Os outros talvez tentem fazer isso com você, é inevitável. Quem não acende a própria luz vive procurando apagar a luz do outro. Mas você não pode fazer isso consigo mesmo, não pode descolorir a própria aquarela, não pode apagar-se.

Jesus ensina que a vela não pode ficar debaixo do cesto, ela tem de ser colocada no velador para iluminar a todos os que estão na casa. Nossa luz interior pode estar debaixo do cesto do complexo de inferioridade, do cesto repleto de crenças negativas sobre nossos talentos e capacidades. Tire sua luz desse cesto e a ponha bem alto, deixe-a resplandecer diante dos homens como ensina Jesus. O mundo precisa da sua luz, precisa de você, e somente seremos felizes quando a nossa luz estiver brilhando, vale dizer, quando estivermos movimentando nossas forças na realização dos talentos que Deus concedeu a cada um de nós.

Não deixe que a dor e o sofrimento apaguem sua luz. Saiba, antes, que é a sua luz brilhando quem vai tirá-lo do sofrimento.

Não permita que uma simples lágrima de tristeza torne você triste para o resto da vida.

Não deixe que uma derrota transforme você num derrotado.

Não admita que um erro o condene à prisão perpétua da culpa.
Não consinta que a desilusão amorosa o deixe desiludido para sempre.
Não aceite que a traição de um amigo o afaste de todas as amizades da sua vida.
Não permita se identificar com o problema que o aflige.
Você não é a sua doença, não é o seu erro, não é o seu fracasso, não é o rejeitado, não é o traído, você não é nada disso.

Recorde-se do que você é, pense nas suas cores verdadeiras, na sua luz interior. Você já manifestou em alguns momentos da sua vida, principalmente na infância. Lembre-se daquela criança linda, esperta, alegre, criativa, sorridente, saudável, espontânea, enfim daquela criança que aonde chegava arrancava o sorriso dos outros. Tudo isso ainda está dentro de você. Traga isso para hoje, traga essa criança para iluminar seus dias tristes. Somente a luz dissipa as trevas. Você não conseguirá sair do sofrimento se não estiver se sentindo bem consigo mesmo. Resgatar suas cores genuínas é o primeiro passo para sair do fundo do poço.

Há quanto tempo você não sorri? Não me diga que não tenha razões para isso, tem sim. Você é o motivo, você é aquele ser extraordinário que Deus concebeu num momento de profunda beleza e alegria. Deus não o fez triste, doente, feio, incapaz. Você é que se vê assim. Você está sob o feitiço do mal que jogou sobre si mesmo.

E eu agora, em nome das forças divinas que agem no universo e que me inspiram fortemente estas palavras, estou tirando esse feitiço da sua vida,

trazendo de volta as suas cores verdadeiras.
Estou fazendo isso porque, de alguma forma, eu
te amo, e sinto o quão profundo é o amor que
Deus tem por você.

Estou aqui dizendo para você não ter medo de mostrar a sua luz. O mundo precisa das suas cores verdadeiras, eu preciso delas também. Por favor, não nos deixe sem a beleza da sua aquarela. Mostre o verde da sua esperança, o azul dos seus mais belos sentimentos, o amarelo da sua riqueza, o branco da sua paz, o dourado da sua fé e o vermelho da sua garra. Se possível, ouça essa bela canção de Phil Collins, tenho certeza que Deus estará cantando para você:

Suas cores verdadeiras, cores verdadeiras
São lindas como um arco-íris.

Se ficar olhando muito tempo para o abismo, o abismo olhará para você.

Nietzsche [50]

[50] *Nietzsche para estressados*, Allan Percy, Sextante.

Bata as suas asas

Atitude é uma pequena coisa que faz uma grande diferença.
CLARICE LISPECTOR

Quero lhe contar a história do pássaro colorido. Havia um pássaro de plumagem elegante e colorida. Infelizmente, um dia ele caiu numa cova profunda. Amedrontado e confuso, o pássaro nota que lá de cima há pessoas olhando para ele. Com muita raiva, a ave grita com eles: "Vocês são totalmente culpados pelo que aconteceu comigo. Se vocês tivessem tampado a cova, eu não teria caído dentro dela".

Como ninguém disse nada, o pássaro resolveu gritar por ajuda: "Por favor, ajudem-me. Tirem-me desta cova!"

As pessoas que estavam por perto olham para o fundo da cova e, vendo lá o pássaro, dizem-lhe: "Abra tuas asas e voa para fora da cova".

Mas o pássaro, aflito, responde: "Eu estou com medo. Tenho medo de bater na parede desta cova quando abrir minhas asas".

Como ninguém deu mais atenção ao caso, o pássaro lamentou: "Este é o meu destino. Estou condenado a viver a minha vida toda aqui, no fundo desta cova".

Passados muitos e muitos anos, o pássaro resolveu tentar abrir suas asas, mas agora se dá conta que não tem mais forças, está velho demais, cansado, sem energias. Ele perdeu toda a força de suas asas e não conseguirá mais sair da cova.

Quando li esta história, inevitavelmente me identifiquei com o pássaro e com algumas das condutas que ele adotou depois que caiu na cova. Acredito que você, tanto quanto eu, também esteja na cova de algum problema e deseja sair o quanto antes. Mas será que também não estaríamos agindo como aquele pássaro? Até hoje ele não saiu do buraco, e pode ser que nós fiquemos assim se tivermos as mesmas posturas improdutivas que ele teve. Vamos conversar um pouquinho a respeito de cada uma delas? Acho que não vai doer muito.

1. "Vocês são totalmente culpados pelo que aconteceu comigo. Se vocês tivessem tampado a cova, eu não teria caído dentro dela."

Em regra esta é a primeira reação que temos ao surgir um problema conosco. Queremos encontrar os culpados nos isentando de qualquer responsabilidade pelo ocorrido. Manifestamos raiva e revolta contra os outros e assumimos a posição da vítima inocente, como se não tivéssemos desencadeado o problema, direta ou indiretamente.

Diretamente porque, segundo Allan Kardec:

> Que todos aqueles que são atingidos no coração pelas vicissitudes e decepções da vida, interroguem

friamente sua consciência; que remontem progressivamente à fonte dos males que os afligem, e verão se, o mais frequentemente, não podem dizer: Se eu tivesse, ou não tivesse, feito tal coisa, eu não estaria em tal situação. A quem, pois, culpar de todas as suas aflições senão a si mesmo?[51]

    Nós somos a fonte de onde se originam os males que nos afligem. Não existe o acaso. Tudo tem causa, e essa causa está em nós por aquilo que fizemos ou por aquilo que deixamos de fazer. Eu me recordo de um amigo que me procurou queixando-se porque perdera uma vaga de emprego e estava muito revoltado com o acontecido. Ele dizia que a pessoa responsável pela seleção dos candidatos não tinha ido com a sua cara e acabou escolhendo uma pessoa mais jovem para a vaga. Mas, na verdade, o que meu conhecido não queria admitir era que o candidato selecionado tinha um currículo bem superior ao seu. A pessoa contratada era de fato mais jovem, no entanto melhor preparada para o cargo em razão de uma gama de capacidades superiores que meu amigo não tinha.

    E não apresentou por quê? Porque não se atualizou ao longo do tempo, não reciclou conhecimentos, não aumentou o lastro das suas habilidades, acomodou-se. Meu amigo não queria dar o braço a torcer que estava despreparado para as novas exigências que o mercado fazia para a vaga que pretendia ocupar, achando mais fácil culpar o funcionário que fez a seleção, sob um argumento inverídico. Não é que o recrutador não foi com a cara do meu amigo, ele não foi é com a cara do currículo dele. E, se continuar com o discurso da vítima inocente,

---

[51] *O Evangelho Segundo o Espiritismo*, cap. V, item 4, Allan Kardec.

meu conhecido vai ficar eternamente na cova do desemprego.

De forma indireta, mas não menos real, também desencadeamos situações que fomentam o surgimento de dificuldades em nosso caminho. Não apenas as atitudes exteriores formatam o nosso destino, não apenas os nossos atos e omissões, mas também as nossas palavras, pensamentos e sentimentos. Criamos a todo o instante a energia que nos circunda através do que falamos, pensamos e sentimos. Essa energia será boa ou ruim de acordo com o tipo de conduta mental e emocional que eu estiver manifestando. Energias boas atrairão situações favoráveis e energias negativas trarão problemas e dificuldades.

Vamos refletir com Louise Hay:

> Acredito que todos, inclusive eu mesma, somos 100 por cento responsáveis por tudo em nossa vida, desde o melhor até o pior. Cada pensamento que temos está criando nosso futuro. Cada um de nós cria suas experiências através dos pensamentos e emoções. Os pensamentos que temos e as palavras que falamos criam nossas experiências.[52]

Diante de quaisquer ocorrências, paremos de culpar os outros e examinemos em nós mesmos as causas que nos levaram aos problemas de agora. Eles refletem as escolhas que fizemos e os padrões mentais que estamos indevidamente sustentando em nosso prejuízo. Parar de culpar os outros é assumir o poder de resolvermos os nossos próprios problemas. E isso talvez seja a grande libertação que estejamos precisando em nossa vida. Libertarmo-nos dos outros e assumirmos a responsabilidade por nós.

---

[52] *Você pode Curar Sua Vida*, Editora Best Seller.

2. "Por favor, ajudem-me. Tirem-me desta cova!"

Nesta segunda conduta, o pássaro simplesmente pede ajuda e espera, acomodado, que alguém o tire da cova. Não se dá assim conosco também? Muitas pessoas vêm à minha procura pedindo ajuda espiritual depois de já terem passado por dezenas de médiuns, padres, curandeiros e igrejas das mais variadas. Elas gostariam que eu resolvesse seus problemas sem que elas tenham que fazer algo por si mesmas. Elas me pedem oração, mas não oram pela resolução de suas dificuldades. Pedem-me conselhos espirituais, mas não querem se dar ao trabalho de abrir a página de um livro para compreenderem o motivo pelo qual estão sofrendo e o que é preciso ser feito para extinguir o mal que entrou em suas vidas.

Vejamos a lição de Chico Xavier:

> Nem Jesus Cristo, quando veio à Terra, se propôs resolver o problema particular de alguém. Ele se limitou a nos ensinar o caminho, que necessitamos palmilhar por nós mesmos.[53]

Isso não significa que não possamos receber o auxílio espiritual, mas a condição para que isso aconteça é que primeiramente o homem faça algo por si mesmo, faça aquilo que está ao seu alcance para que Deus faça a parte que o homem, por si só, não é capaz de fazer. O homem começa e Deus termina. Como disse Jesus: "Pedi, e vos será concedido; buscai, e encontrareis; batei, e a porta será aberta para vós".[54]

---

[53] *Mensagens de Paz de Chico Xavier*, Editora Escala.
[54] Mateus 7, 7. *Novo Testamento com Salmos e Provérbios*, King James, Edição de Estudo, Abba Press Editorial.

Vejo pessoas buscando os templos religiosos à procura de milagres, mas com a mente vazia de fé. Querem primeiro o milagre para somente depois acreditar no auxílio divino. Meditemos na cura que Jesus realizou em dois cegos. Eles abordaram o Mestre e suplicaram misericórdia. E Jesus lhes perguntou: "Vocês creem que eu possa curar vocês?" Eles responderam que sim, e Jesus tocou nos olhos deles e disse: "Então seja feito como vocês creem!" E os olhos deles ficaram curados.[55] Sem a fé, Jesus não os curaria, porque seria feito conforme a crença deles.

Não resta dúvida, portanto, que toda ação espiritual em nosso favor depende de alguma atitude que o homem desencadeie em favor da resolução das suas dificuldades, ainda que ele não tenha condições de, por si só, fazer tudo o que for preciso, mas deve fazer aquilo que está ao seu alcance. O socorro espiritual opera em bases de sinergia entre o homem e as forças divinas. Peçamos socorro, sim, sem esquecermos a parte que nos compete realizar na resolução de todo e qualquer problema, a começar pela fé em nós mesmos e na fé em Deus, que a todo instante vela por cada um dos seus filhos.

3. "Eu estou com medo. Tenho medo de bater na parede desta cova quando abrir minhas asas."

Essa reação do pássaro é muito comum a nós. No contexto da história apresentada, o único jeito que o pássaro tinha para sair seria bater as asas e voar para fora do buraco. Mas ele tinha medo de se machucar quando abrisse suas asas na cova apertada. Muitas vezes sabemos o que precisamos fazer

---

[55] Mateus 9, 28-30. *Bíblia Sagrada, Nova Tradução na Linguagem de Hoje*, Paulinas.

para resolver as nossas dificuldades, mas não queremos agir porque fazer o que é preciso pode implicar em alguma dor que não queremos ter. Por exemplo: alguém se descobre diabético e precisa parar com a ingestão de açúcar. Cortar o doce, de fato, é um sacrifício, demandará muita força de vontade, mas esse sacrifício será fundamental para se evitar males maiores, porque a diabetes, quando não tratada, pode levar a pessoa a óbito. Provavelmente o pássaro iria se ferir quando batesse as asas na cova. Mas era uma dor necessária e insignificante, menor diante do prêmio da sua liberdade.

Pense sempre: nenhuma transformação positiva surge em nossa vida sem que estejamos dispostos a pagar o preço da nossa libertação. Esse preço implicará em mudança de comportamentos, deixar o convívio de certas pessoas, parar de frequentar determinados lugares, abdicar de hábitos que nos prejudicam, enfrentar nossos medos, esforço para superar nossas limitações, etc. Toda mudança gera desconforto. Não acredite em milagre sem trabalho. Não acredite em melhora sem movimento. Um ditado popular afirma: "Para grandes males, grandes remédios". Isso quer dizer, para grandes problemas, grandes transformações.

Mas há de se lembrar a vitória que nos aguarda. Não se fixe nos incômodos que toda transformação vai exigir de você. Visualize fortemente os benefícios que você terá quando sair da cova dos seus problemas. Não se preocupe com alguns tombos ou arranhões, não recue diante das carências que gritarão alto dentro de você chamando-o de volta ao fundo do poço. Um pensamento que costuma me ajudar muito é este:

Mira para a fé e rema.

4. "Este é o meu destino. Estou condenado a viver a minha vida toda aqui, no fundo desta cova."

Quem pensa assim como o pássaro está cometendo um dos maiores erros de interpretação de sua vida. Imagine se Deus condenaria alguém a viver preso eternamente na cova dos problemas. Ora, não podemos esquecer que Deus é Amor, Deus é Pai, Deus é bondade! O mal que nos acontece é uma consequência das nossas escolhas, escolhas feitas nesta vida ou em vidas anteriores, e hoje chegou para nós a fatura do cartão de crédito para o respectivo pagamento. Eu não posso me rebelar com a fatura porque a compra foi feita. O que me cabe fazer é pagar por aquilo que eu gastei para me livrar da dívida.

Não é Deus quem nos condena a viver presos indefinidamente aos problemas, nós é quem nos condenamos quando abrimos mão da responsabilidade de agir para a solução das nossas dificuldades.

Deus colocou uma potente mola no fundo do poço dos seus problemas. É para nós saltarmos nessa mola na direção da cura e libertação que tanto sonhamos. Deus pôs a mola, mas nós é quem precisamos saltar. Quanto mais força colocarmos nas pernas, mais alto subiremos. Quanto maior o esforço, maior a recompensa. O único destino que Deus preparou para nós é o destino da felicidade. Mas o homem é quem deve caminhar na direção desse destino. Deus dá o mapa, mas o homem é quem vai ao encontro do seu destino.

Espero que você esteja pronto para bater as suas asas. Não deixe o tempo passar. Não adie, não retarde, não deixe para agir depois quando as circunstâncias se agravarem. Aja sem precipitação, mas sem protelação. Quando terminar este capítulo, procure meditar sobre as atitudes que você precisa tomar para sair da cova dos seus problemas. Ore a Deus pedindo inspiração, aponte para a fé e caminhe adiante firme no rumo dos seus propósitos de renovação. E em breve você estará saindo do fundo do poço em direção aos dias felizes que Deus tão amorosamente deseja a você. Nunca se esqueça de que você é um pássaro lindo e colorido que foi criado para voar nas alturas e não para ficar preso no poço fundo dos seus problemas.

E, se você diz que não tem mais forças para bater suas asas, deixo-lhe este remédio colhido nos versos da canção de Raul Seixas:

Veja!
Não diga que a canção
Está perdida
Tenha fé em Deus
Tenha fé na vida
Tente outra vez!
Beba!
Pois a água viva
Ainda tá na fonte
Você tem dois pés
Para cruzar a ponte
Nada acabou!

Sobre o que você escreveria se soubesse que só tem seis meses de vida? O que você gostaria de compartilhar com os outros, como entrar em contato com os sentimentos que estão lá no fundo do seu ser? Quando fazemos isso, todos nós começamos a nos concentrar no que mais amamos.

Bernie Siegel [56]

[56] *Viver bem apesar de tudo*, Summus editorial.

Volta por cima

Valorizemos, por isso, o tempo que se chama hoje.
Hoje é o sol, a vida, a possibilidade, a esperança.
Ontem é o dia que se foi.
Amanhã é o dia que virá.
Hoje, contudo, é o tempo que está conosco.
É a nossa oportunidade de erguer o pensamento a mais altos níveis, de conquistar a felicidade das obrigações bem cumpridas, de proclamar a boa vontade para com todos e estender as mãos aos semelhantes.
Hoje é o momento de renovar o coração varrendo a ferrugem da ociosidade, expulsando o vinagre do desencanto, extinguindo o bolor da tristeza e pulverizando o caruncho do desânimo.
MEIMEI[57]

ESSA MENSAGEM É UM VERDADEIRO REMÉDIO espiritual para quaisquer crises que se abatam sobre nós. Aqui está a resposta divina para as nossas preces clamando por socorro.

---
[57] *Instruções Psicofônicas*, Espíritos Diversos, psicografia de Francisco Cândido Xavier, FEB.

É a chave que nos ajuda a dar a volta por cima dos problemas que nos afligem. O socorro chegou em forma de indicação do caminho que devemos seguir. Se trilharmos os passos prescritos nessa mensagem recebida por Chico Xavier do mundo espiritual superior, tenho certeza que nossa libertação começará imediatamente. Escolhi alguns pontos para a nossa reflexão. Vamos lá?

1. Passado, Presente e Futuro.

Nós vivemos com o grande desafio que é lidar com essas três dimensões do tempo. Temos as lembranças do passado, os desafios do presente e as expectativas do futuro. O desafio não seria assim tão difícil se esses aspectos pudessem ser vividos separadamente um do outro. Mas não é isso o que acontece. Tudo isso está embaralhado na nossa cabeça, não há prioridades estabelecidas, ou há até prioridades equivocadas, e a consequência dessa desordem mental é uma grande confusão em nossa vida, que provoca desalento, frustração e perda de muita energia. Pessoas há que, por exemplo, estão tão voltadas para as experiências do passado que não conseguem sequer enxergar o presente, e com isso também jamais terão um futuro promissor. Outras, entretanto, estão com a cabeça tão fixada no futuro que deixaram suas mãos completamente ociosas no presente.

Para resolver esse problema, nós precisamos colocar ordem em nossa mente. E a primeira pergunta que temos a fazer é: O que devo valorizar mais? O passado, o presente ou o futuro? A mensagem que estamos estudando nos aponta que é necessário valorizar o tempo que se chama hoje, porque é o único tempo que está conosco.

O ontem é o tempo que se foi. O amanhã é o tempo que ainda virá.

Então nem o passado e nem o futuro estão conosco. Por isso não temos como agir no passado nem no futuro. Eu não posso voltar ao passado e mudar determinado acontecimento. Também não consigo ir ao futuro, porque o futuro ainda não veio. Centralizar nossa vida no passado ou no futuro é uma atitude que nos desequilibra e que nos causa muitos problemas. Quem vive no passado não consegue curar suas feridas. Suas feridas estão sangrando há muito tempo? Aí está a razão. Está vivendo fixado no passado. E vou lhe dizer uma coisa: você não vai resolver nada por aí. Você está enterrado, imóvel, inerte, parado, travado, porque não é possível fazer alguma coisa no passado. Você está querendo mexer num cadáver, e a única coisa que podemos fazer com um cadáver é sepultá-lo.

Nada é possível também fazer no futuro. Você não pode avançar no tempo para interferir numa realização por ora inexistente, muito embora seja isso o que nossa mente tenta fazer constantemente. A atenção demasiada no futuro gera preocupação, medo, inércia e ansiedade.

Não é que não podemos transitar pelas asas do pensamento no passado e no futuro. Até precisamos disso. Carecemos aprender com os erros de ontem para melhor acertar hoje. Faz muito bem a nós recordar os acontecimentos felizes que passamos. Podemos também pensar no futuro feliz; é fundamental termos sonhos que nos motivem a viver hoje com entusiasmo. Mas tais condutas não podem ocupar o maior espaço do nosso tempo, porque aprendemos com a mensagem espiritual que hoje é o tempo que está conosco, hoje é o sol, a vida, a possibilidade, a esperança. Vejamos que conselho importante:

Hoje é a possibilidade!

| Cura e Libertação |

Não é ontem nem amanhã. É hoje a possibilidade, a única possibilidade, porque passado e futuro não existem concretamente. E ninguém tem qualquer garantia que estará encarnado neste planeta amanhã para fazer aquilo que deveria fazer hoje. Eu não diria que há muito desperdício de tempo, digo que há muito desperdício de vida. São amores postergados, sonhos adiados, talentos enterrados, sentimentos ignorados. A vida passando agora bem defronte aos nossos olhos e quase todos nós esperando alguma coisa que ainda irá acontecer, quando a vida está acontecendo exatamente agora, e amanhã talvez não estejamos mais aqui para senti-la.

O programa de televisão *Fantástico* você assiste às 20h45, por isso não conseguirá vê-lo antes ou depois desse horário. Assim ocorre com as possibilidades de cura e libertação, as quais não estão nem no passado nem no futuro, pois é somente no presente que a vida acontece. Bem disse o Dalai Lama que há dois dias no ano em que nada pode ser feito: é o dia de ontem e o dia de amanhã. Mas é no dia de hoje que poderemos tomar as atitudes que desencadearão os milagres em nossa vida.

Na vida nada muda sem a nossa atitude, e a única possibilidade que alguém tem de agir é no presente. No presente podemos corrigir o passado e preparar o futuro. Hoje é a possibilidade de agirmos para recriar o nosso destino. A felicidade está diretamente ligada à habilidade que o homem deve desenvolver de recomeçar e recriar-se a todo instante.

Ontem não deu certo, mas hoje Deus me deu um novo dia para agir na direção do acerto.
Ontem falhei, mas hoje Deus me deu um novo dia para aprender a fazer como se deve.

Ontem fracassei no amor, porém hoje Deus colocou novas pessoas em meu caminho para demonstrar o meu amor.
Ontem fui cruel comigo, contudo hoje a vida me possibilita tratar-me com amor e respeito.
Ontem fui dormir magoado, mas hoje Deus me deu novo dia para perdoar.
Ontem fui reprovado nos estudos, no entanto hoje Deus me dá um novo dia para estudar com mais determinação.
Ontem fui agressivo, mas hoje Deus me concede uma nova página no livro da vida para atitudes de paz.
Ontem errei o caminho, hoje Deus me mostra outras estradas.

Isso nos levar a pensar numa grande verdade:

Cura e libertação não virão para aqueles que insistem em ficar remoendo suas quedas, mágoas, traumas e desgostos sem reconhecerem que no presente tudo pode ser mudado, tudo pode ser diferente.

Hoje o passado é apenas uma fotografia. É uma lembrança. Uma história que já acabou, a não ser que você queira continuar vivendo esse drama sem fim. Se você continuar olhando para suas histórias tristes, são essas histórias que se repetirão em sua vida hoje e amanhã. De tanto estarmos fixados no passado é que enchemos a nossa mente subconsciente de histórias tristes, histórias que inevitavelmente se repetirão pela força que damos a elas. O que eu dou atenção através das minhas palavras e pensamentos é o que costuma surgir no cenário da minha vida, num processo nítido de atração e ressonância entre o que está dentro de mim e o que está fora de mim.

E Deus não nos deu o presente para repetir o passado. Eu preciso me recriar a cada dia, escrever novas histórias felizes para minha vida. Não ficar olhando para fotos antigas rememorando tristezas que estão precisando ser esquecidas para que a alegria volte a ocupar o palco da minha vida.

Quem cede espaço à tristeza manda embora a alegria.

Diga firme para você: a partir de hoje eu vou escrever uma história bonita em minha vida. Cansei de sofrer, cansei de ficar reclamando do que não deu certo e deixando de fazer algo para dar certo. Hoje é o dia da minha independência espiritual, é o dia em que eu assumo o controle da minha vida, é o dia em que eu deixo de ser aquele coitado ou coitada e vou tomar as rédeas da situação, antes que os outros passem a comandar a minha vida.

E, se eu fizer isso, não tenho qualquer medo do futuro, porque sei que o futuro é a somatória de tudo aquilo que eu vou plantar em minha vida a partir de hoje. O futuro é a colheita feliz que eu vou ter pelas sementes de amor, trabalho, alegria e confiança que vou plantar a partir de agora mesmo, assim que fechar as páginas deste livro. Hoje eu começo a mudar a minha vida, hoje começo a minha cura e libertação, vou começar do zero, vou fazer aquilo que Deus me pede nesta mensagem captada por Chico Xavier do Mundo Espiritual Superior:

2. Vou erguer meu pensamento a mais altos níveis.

Não vou pensar mais coisa ruim sobre mim e sobre a minha vida. Vou investir em pensamentos elevados. Penso e me visualizo desfrutando de um futuro promissor, vejo-me feliz, produtivo, próspero, saudável e contribuindo para a felicidade das pessoas à minha volta. Estou certo que bons pensamentos repercutem em meu corpo, enchendo minhas células e órgãos de energias positivas e revigoradoras. Bons pensamentos criam um campo magnético ao redor de mim atraindo o bem que fixei em minha mente e em meu coração.

3. Vou cumprir muito bem todas as minhas obrigações, proclamando a boa vontade para com todos.

Minhas tarefas serão cumpridas com todo o meu empenho, colocarei o melhor de mim em tudo o que fizer. Tudo vai ter a minha cara, o meu jeito, o meu talento. Quero que as pessoas fiquem orgulhosas e satisfeitas com o que faço, pois sei que somente quando consigo melhorar a vida dos outros é que a vida melhora para mim. Estou consciente que as minhas obrigações são as tarefas que Deus me deu para executar aqui na Terra em nome Dele, por isso sempre estou trabalhando para Deus, e quem trabalha feliz para Deus jamais ficará sem a justa remuneração.

4. Hoje vou renovar o coração.

Quero limpar meu coração de toda mágoa, culpa e ódio. Meu coração precisa estar leve para que minha vida flua com mais alegria e prazer. O coração pesado faz mal, me deixa sombrio, agressivo, triste, e por causa disso acabo ficando doente e impedindo que coisas boas se manifestem em minha vida. Quero escutar meu coração batendo outra vez, quero entender mais e criticar menos, quero procurar beleza nas pessoas e não seus defeitos, quero sentir que Deus me ama e que jamais se ausenta de mim, quero mais amar do que ser amado.

5. Hoje vou varrer a ferrugem da ociosidade.

A ociosidade é um grande perigo para a minha cura e libertação. Quanto mais parado, mais cativo eu fico em meus próprios problemas, mais ensimesmado eu me torno, mergulhando em pensamentos confusos e torturantes que apenas me levam para o fundo do poço. O trabalho desanuvia as preocupações, interrompe o circuito de pensamentos negativos que alimentam atitudes negativas, as quais, por sua vez, retroalimentam pensamentos negativos, num círculo vicioso e destrutivo.

Falamos tanto do trabalho material que nos sustenta o corpo, como também da necessidade do trabalho espiritual que nos sustenta a alma.

O corpo sem atividade enfraquece, a mente sem treino não se expande, e a alma sem trabalho não cresce.

Muitos problemas da nossa vida surgem da alma enfraquecida por falta de atividade. Assim como o corpo se desenvolve com exercícios físicos, o espírito também precisa se exercitar em seu aspecto transcendental. O homem se preocupa com os tesouros da Terra, todos passageiros, mas não cuida dos tesouros espirituais que são os tesouros eternos e de benefícios duradouros. Por isso há tanta depressão, tanta queixa de vazio existencial nos consultórios psiquiátricos, sobretudo de pessoas que não têm maiores problemas materiais pendentes. Ah, como o trabalho de amor ao próximo poderia curar essas almas enfraquecidas!

Sentir-se útil a alguém em maior sofrimento que o nosso faz bem ao nosso espírito porque é o raro momento em que abrimos a porta do nosso coração para o amor de Deus entrar. A minha relação com Deus passa necessariamente pela minha relação com o próximo. O meu semelhante é a porta que se abre para Deus. Quando essa porta está aberta em cuidado com o próximo, Deus entra e cuida de nós. Quando trancamos a porta com as chaves do egoísmo, Deus não tem como entrar e curar a minha vida. Por isso a Espiritualidade Superior ensina:

> Fora do trabalho que se expressa em serviço ao bem geral estamos conosco, mas, dentro do serviço que se expressa em trabalho constante no bem dos outros e na felicidade de todos, estamos e estaremos com Jesus.[58]

Tome alguma iniciativa nesse sentido e você verá os grandes benefícios que experimentará. Veja alguns exercícios espirituais sugeridos por Irmão José:[59]

> *Um prato de sopa ao faminto.*
> *Uma visita ao doente.*
> *Uma palavra de ânimo aos desesperançados.*
> *Um minuto de atenção a quem necessite ser ouvido.*
> *Uma gentileza na via pública.*
> *Um sorriso, ainda que discreto, a quem, há muito, esteja esperando por ele.*
> *Um gesto de reconciliação com o adversário.*

6. Hoje vou expulsar o vinagre do desencanto, extinguindo o bolor da tristeza e pulverizando o caruncho do desânimo.

Desencanto, tristeza e desânimo jamais ajudaram alguém a encontrar cura e libertação. Não espere que a situação de vida

---
[58] *Mais Luz*, Batuíra, psicografia de Francisco Cândido Xavier, GEEM.
[59] *Os 3 Passos do Autoconhecimento*, psicografia de Carlos A. Baccelli, LEEPP.

melhore para que a alegria e o ânimo voltem a você. Inverta a tática. Ponha alegria, ânimo e encantamento em tudo o que fizer, que assim a vida melhora para nós a partir da melhora de nós mesmos. A orientação espiritual sugere-nos que expulsemos a tristeza; ora, isso eu só conseguirei fazer se colocar a alegria no lugar da tristeza. Vou expulsar o desânimo com a vassoura do ânimo. Vou expulsar o vinagre do desencanto com o vinho do encantamento. Vou fazer tudo isso porque é isso que me dá forças para vencer os obstáculos do caminho. Se o obstáculo é grande, eu preciso dar um salto grande; tenho, então, que ter muita força nas pernas para saltar. Com ânimo, eu sou forte, com alegria, eu me estimulo positivamente e, com encantamento pela vida, eu me robusteço com a força de um leão.

Sei que você está me perguntando: "Como posso ser alegre se não tenho motivos para ter alegria?" Primeiro eu duvido que você não tenha mesmo algum motivo para ser alegre. Talvez esteja tão focado no seu problema que não consegue enxergar a existência de outras situações nas quais tudo está caminhando bem. É bom que você se lembre delas, pois isso faz recuperar a sua alegria e o faz ver que você não é tão desventurado assim.

Depois disso, é bom saber que a alegria também pode surgir a partir do momento em que nós começarmos a agir como se já fôssemos alegres. Você já não sentiu como é verdadeiro aquele ditado "Quem canta os seus males espanta"? Isso mesmo. Quantas vezes estávamos tristes e de repente começamos a cantar uma canção gostosa que tocava no rádio, e cantamos depois outra, e surpreendentemente nos pegamos mais aliviados, mais calmos e animados? Então, embora tristes, vamos pensar na alegria, agir na alegria, falar na alegria, proporcionar alegria ao próximo, e logo mais a alegria estará nos envolvendo por completo.

O mesmo vale para qualquer outro tipo de sentimento que desejamos experimentar. Preciso ter ânimo e não sei como? Vou me comportar como se comporta uma pessoa animada, mesmo que no começo eu esteja forçando as minhas atitudes. Começo fazendo isso pela minha postura corporal. Uma pessoa animada anda com os olhos e os ombros erguidos. Ela tem a voz firme e vibrante, e costuma andar com um sorriso estampado no rosto. A pessoa animada e alegre não fica contando os piores momentos da sua vida, ao contrário, busca destacar o que está acontecendo de bom, o que é que a tem deixado feliz, e fazendo isso ela se alimenta de mais energia e ânimo para continuar progredindo.

Bem, creio que já temos bastante material para trabalhar. Mas não adie sua cura, tampouco volte ao passado para continuar preso em suas dores. O presente é o único momento que Deus lhe deu para você dar definitivamente a volta por cima. Para começar o seu aquecimento, quero cantar junto com você esse samba gostoso de Paulo Vanzolini:

Chorei, não procurei esconder
Todos viram, fingiram
Pena de mim, não precisava
Ali onde eu chorei
Qualquer um chorava
Dar a volta por cima que eu dei
Quero ver quem dava
Um homem de moral não fica no chão
Nem quer que mulher
Lhe venha dar a mão
Reconhece a queda e não desanima
Levanta, sacode a poeira
E dá a volta por cima

Quem dá o bem é o primeiro beneficiado, quem acende uma luz é o que se ilumina em primeiro lugar.

Emmanuel [60]

[60] *Pérolas do Além*, psicografia de Francisco Cândido Xavier, FEB.

Atraindo bênçãos

Abençoe a vida e a vida lhe abençoará a existência.
André Luiz[61]

VIVEMOS NUM MUNDO DE PROVAS E EXPIAÇÕES onde o mal ainda predomina sobre o bem e exerce grande influência sobre nós. Sabendo que ainda somos espíritos imperfeitos e que toda imperfeição é a causa do nosso sofrimento,[62] é fácil concluir que o homem necessita de muita ajuda espiritual para não se deixar arrastar pela forte onda de negatividade que envolve a humanidade. O mal ronda os nossos passos hora e minuto. É o mal que vem dos pensamentos desequilibrados de milhares de pessoas, os quais se agregam por afinidade a nós quando nossos pensamentos também entram nas faixas do desequilíbrio. Quando isso ocorre, nossa energia se contrai, perde vigor, e, por consequência, mudamos repentinamente de humor, passamos a experimentar um cansaço inexplicável, um peso cai sobre nossa

---
[61] *Respostas da Vida*, psicografia de Francisco Cândido Xavier, IDEAL.
[62] *O Céu e o Inferno*, Allan Kardec.

cabeça, o coração fica oprimido, e uma avalanche de pensamentos mórbidos começa a martelar em nossa mente.

É claro que ninguém é vítima inocente desse processo, pois o contágio de pensamentos negativos somente ocorre a partir de algum ponto de afinidade destes com os nossos pensamentos negativos. Na verdade, ninguém pensa sozinho.

> *Quando, por exemplo, me fixo em pensamentos de contínua tristeza, há mais gente triste pensando comigo, encarnada e desencarnada, todas ligadas pela mesma onda pensante, uma alimentando a tristeza da outra.*

Nossa mente poderia ser comparada a um verdadeiro condomínio, muitas ideias de outras pessoas morando conosco.

Mas não é só por aí que o mal pode nos pegar. Não podemos fechar os olhos para a possibilidade da influência prejudicial vinda da parte dos espíritos desencarnados. Os chamados "mortos" não estão mortos. Eles vivem em regiões espirituais que se comunicam com a Terra, estão mais próximos a nós do que pensamos. E, se temos do outro lado da vida espíritos bons, espíritos que nos ajudam, temos também espíritos voltados ao mal e que muitas vezes almejam nos prejudicar. Nem mesmo Jesus escapou do assédio de um espírito mau que o tentou no deserto durante quarenta dias e quarenta noites.[63] E, se Jesus foi ameaçado pelas trevas, embora tenha vencido todas as tentações, por que nós não haveríamos de experimentar semelhante situação?

Em seu apostolado de amor, Jesus ainda expulsou centenas de espíritos inferiores que prejudicavam a vida de muitas pessoas,

---

[63] N. T. Mateus 4, 1-11.

o que comprova a possibilidade da intervenção dos chamados "mortos" na vida dos vivos.[64] E tais ocorrências continuam surgindo a cada dia, de modo que ninguém na face da Terra está livre da atuação de um espírito inferior, porque, no fundo, eles agem sempre através das nossas próprias inferioridades. Ninguém sofre o assédio de uma obsessão sem ter algum ponto de afinidade com o obsessor.

É por isso que o homem carece de muita proteção espiritual para não ser tragado pelas ondas avassaladoras do mal, do mal que começou dentro de si mesmo e retornou a ele em forma de problemas dos mais variados, como doenças, conflitos íntimos e familiares, dificuldades financeiras, acidentes e perturbações espirituais. Muito oportuna é a lição de Hermínio C. Miranda:

> Quando se pratica o mal, assina-se uma promissória em branco, sem data de vencimento. Um dia chega a Lei e diz: 'Aqui está a sua dívida'. Como fugir dela? Está lá sua assinatura![65]

Quando se fala em proteção espiritual, não queremos apenas nos referir àquela que se busca nos templos religiosos através do socorro dos Espíritos bons que atendem em nome de Deus. Precisamos de apoio espiritual, sim, precisamos de ajuda externa para nos erguer de nossas quedas. No entanto, não podemos esquecer que a melhor proteção espiritual que o homem confere a si mesmo se dá através dos seus próprios atos, quando age de acordo com as leis divinas. O homem naturalmente se desprotege quando

---

[64] Confira-se as seguintes passagens do Evangelho: Marcos 1, 34; Mateus 8, 28-34; Lucas 9, 37-43.
[65] *Com quem tu andas? Perguntas e respostas sobre obsessão e desobsessão*, Caravana de Luz Editora.

entra em atrito com essas leis. O processo de cura e libertação demanda muitas vezes a atuação direta dos Espíritos Superiores em nosso favor, no entanto jamais dispensará a reformulação daquelas nossas atitudes que estejam afrontando os códigos divinos. Recordemos as palavras de Jesus ditas a um homem que ele havia acabado de curar:

> Veja que está curado; não voltes a pecar, para que não te aconteça coisa pior.[66]

Antena de bênção ou de maldição?

O mal que veio de fora sintonizou com o mal que ainda grita dentro de nós. Você está se deparando com esse conceito em várias páginas deste livro. Meu propósito é o de que fiquemos conscientes desse mecanismo, porque sempre queremos culpar os outros pelos nossos problemas, o que reduz por completo as nossas chances de cura e libertação. Somente se cura quem acredita que deixou germinar dentro de si as causas da doença. Somente se liberta quem assume que se permitiu ficar preso às garras do mal.

Somos como uma antena que a todo instante está captando situações positivas ou negativas em nossa vida, tudo a depender de que maneira a antena está posicionada. Este livro está propondo que você mude a posição da sua antena, tire-a da sintonia do mal e a coloque na posição do bem. Assim agindo, o mal vai desaparecendo e somente as bênçãos vão surgindo. É uma coisa muito simples, embora dê trabalho. Nós estamos há séculos com a antena instalada na posição errada, e agora precisamos subir no telhado da mente e mudar a direção da nossa vida. Se não fizermos

---

[66] João 5, 14. *Novo Testamento com Salmos e Provérbios*, King James, Edição de Estudo, Abba Press Editorial.

essa mudança, o mal continuará a nos envolver. O mal não pode encontrar mais espaço em meus pensamentos, palavras e atitudes. Eu preciso instalar a antena do bem no telhado da minha vida. Essa mudança de antena exige esforço diário, perseverante, vontade firme, porém seus resultados são altamente compensadores. Com a antena do bem, muita coisa boa vai surgir na programação da sua vida.

Como instalar a antena do bem?

O ensinamento espiritual revela que a melhor forma de ter uma existência abençoada é abençoar a própria vida. Ninguém é abençoado sem antes abençoar. Ninguém recolhe o bem sem o plantar. Abençoar é desejar e promover o bem. Quando abençoo alguém, eu estou doando o bem para essa pessoa, eu estou lhe dando uma bênção. Ao envolvê-la nas ondas do sentimento do bem, automaticamente eu entro no fluxo da energia do bem divino que envolve toda a Terra e sou tocado abundantemente por essa força grandiosa que emana do coração de Deus.

Quando atuo no bem eu me aproximo do bem de Deus, quando ajo no bem, o bem age em mim. Eu não preciso dizer quanta cura e libertação essa atitude é capaz de nos trazer. Ser aquele que abençoa é fazer cair chuva de bênçãos em sua própria vida.

Deus nos colocou no mundo para concluirmos a obra da criação divina, implantar o Reino dos Céus entre nós. E ninguém fará isso amaldiçoando as pessoas, criticando-as, derrubando-as, agindo com crueldade ou guardando mágoas por tempo indefinido. Ninguém veio ao planeta Terra para criticar o mundo ou ser juiz dos outros, censor da moral alheia. Se o próprio Jesus se apresentou como sendo nosso amigo,[67] dizendo que veio para salvar o mundo e não julgá-lo,[68] perdoou a mulher apanhada em adultério,[69] compreendeu as fragilidades de Pedro sabendo que ele o negaria por três vezes,[70] aceitou o beijo traidor de Judas,[71] e morreu crucificado entre dois ladrões orando a Deus para que perdoasse toda a nossa maldade,[72] com que direito nós nos colocamos na vida para criticar, ferir ou amaldiçoar quem quer que seja?

Deus não precisa de críticos do mundo e das pessoas que Ele concebeu. Como autor da vida, Ele sabe o que criou, e sabe que tudo o que fez é bom.[73] Deus quer cooperadores para a sua obra de amor, quer colaboradores e não destruidores revoltados que apenas identificam feridas e não se dão ao trabalho de cicatrizá-las com o bem. Quando nos tornamos críticos do mundo, assumindo uma posição de revolta, indiferença ou agressividade contra o próximo, criamos e lançamos no mundo uma energia negativa desagregadora, energia essa que os mecanismos divinos de preservação e manutenção da vida se encarregarão de nos devolver através da Lei de Retorno. O mal que está na minha vida hoje é o mal que ontem eu desejei, pensei ou fiz a alguém.

Todo o bem e todo o mal sempre retornam à fonte de onde partiram. O mal de hoje é o mal de ontem que voltou.

---

[67] N.T. João 15, 15.
[68] N.T. João 12, 47.
[69] N.T. João 8, 1-11.
[70] N.T. Mateus 26, 31-35.
[71] N.T. Mateus 26, 47-50.
[72] N.T. Lucas 23, 34.
[73] Gênesis 1, 31.

Abençoar para ser abençoado.

É claro que poderemos pedir uma bênção a terceiros, antigamente era muito comum os filhos pedirem a bênção aos pais. Hoje ainda muitos católicos suplicam a bênção do sacerdote. De certa forma, em todas as religiões, pedindo-se expressamente ou não a bênção, o que se almeja em última análise é receber um amparo espiritual, uma graça, uma luz, uma proteção para a nossa vida, sem a qual muitas vezes a caminhada se torna quase impossível.

Mas André Luiz fala de uma bênção especial, porque é uma bênção gerada pela própria pessoa necessitada a partir do instante em que ela mesma passa a ter uma atitude positiva de abençoar tudo aquilo que a cerca. Quem deseja o bem precisa entrar no fluxo energético do bem, doando de si o que tem de melhor. Quando falo em fluxo energético do bem, quero dizer que nada é estático no universo, isto é, a energia divina está em constante circulação e somente passa por onde os canais do bem estão abertos. Se eu me fecho para o bem, o bem não tem como passar por mim. Quando eu abençoo alguém por palavras, pensamentos ou outras formas mais concretas de apoio, e faço isso com sinceridade e prazer, estou abrindo as portas da minha vida para a energia divina circular trazendo-me abundantemente tudo aquilo que eu estiver necessitando. Quanto mais dou, mais recebo, e, quanto mais recebo, mais sou capaz de dar. Se tenho recebido pouco, é porque pouco tenho dado.

Dê aquilo que você deseja receber.

Aqui está o princípio espiritual mais poderoso que Jesus enunciou:

> Faça ao seu próximo o que você gostaria que ele lhe fizesse.[74]

---

[74] N.T. Mateus 7, 12.

| Cura e Libertação |

Jesus quer dizer que o bem que eu desejo colher da vida depende do bem que eu plantar na vida do meu semelhante. O sofrimento na Terra se explica pelo fato de que a grande maioria de nós deseja ser terra e não semeador. Deseja florir sem plantar. Deseja receber sem dar. Deseja bênção sem abençoar. Pior ainda quando desejamos vencer pisando sobre o outro, roubando-lhe a esperança, tirando-lhe a vida, ceifando-lhe o patrimônio, subtraindo-lhe a dignidade. Não avaliamos quantas sombras estamos atraindo para nós mesmos, porque, o que faço ao meu próximo, faço primeiramente a mim mesmo. É da lei.

Mas com Jesus aprendemos o segredo da felicidade, o remédio da cura e da libertação, que consiste em dar ao nosso próximo tudo aquilo que eu mesmo gostaria de receber. Só o amor é o antídoto do mal que hoje me infelicita. Meditemos nas palavras do Dr. Deepak Chopra:

> Se você quer alegria, dê alegria aos outros. Se deseja amor, aprenda a dar amor. Se procura atenção e apreço, aprenda a dar atenção e apreço. Se quer bens materiais, ajude os outros a se tornarem ricos. A maneira mais fácil de obter o que se quer é ajudar os outros a conseguir o que querem. Se você almeja ser abençoado com todas as coisas boas da vida, aprenda a abençoar silenciosamente a todos com as coisas boas da vida.[75]

Colocando em prática.

Acredito que nosso primeiro ponto de partida para a cura e libertação é pensar que muitas outras pessoas, como eu, também estão precisando de algum tipo de ajuda, e que Deus, para

---

[75] *As Sete Leis Espirituais do Sucesso*, Editora Best Seller.

socorrer a todos, precisa contar conosco. Chico Xavier dizia:

> Sei que a obra é de Jesus, que o serviço é do Alto, mas não ignoramos que os Mensageiros Divinos precisam de mãos humanas".[76]

Gosto de pensar que a Terra é um grande hospital onde todos são médicos e, ao mesmo tempo, todos estão doentes. Eu não posso agir apenas como doente esperando tão somente ser ajudado, porque, se o médico que pode me atender também está doente, ele precisa ser socorrido por mim, que também sou médico. Se cada um pensar exclusivamente em si, todos morrerão. Usando esse raciocínio para as nossas problemáticas individuais, na vida não podemos agir apenas como necessitados, precisamos socorrer também as necessidades alheias para que alguém esteja em condições de socorrer as nossas.

Se uma pessoa carente e faminta ora a Deus pedindo um prato de comida, Deus precisa contar com mãos humanas para atender aquela pessoa. Então Deus inspira alguém que também está em dificuldades para socorrer esse irmão com o remédio do pão ou do prato de sopa, e desse gesto de caridade brotam poderosas forças de auxílio em favor de quem estendeu a mão ao seu próximo. Eu sempre me recordo de um sonho que tive com Chico Xavier, numa fase difícil de minha vida, quando estive diante dele no mundo espiritual e chorava por minhas dificuldades. E Chico me disse: "Meu amigo, vamos enxugar as lágrimas do próximo para que Deus enxugue as nossas". É assim que venho fazendo nesses mais de 11 anos de trabalhos espirituais através de livros e palestras, e posso assegurar que Chico Xavier estava certo, pois

---

[76] *100 Anos de Chico Xavier, Fenômeno Humano e Mediúnico*, Carlos A. Baccelli, LEEPP Editora.

é no campo do auxílio ao próximo que eu venho recolhendo as maiores alegrias da minha vida e onde Deus vem enxugando meu pranto quando a dor me visita. É novamente Chico quem ensina:

> Quando nos esforçamos por oferecer algo de nós aos companheiros que faceiam dificuldades e sofrimentos maiores do que os nossos, desses mesmos companheiros nascem forças benéficas que passam a funcionar em nosso favor.[77]

Gosto de pensar que sempre tem alguém precisando de algo que nós possamos dar, não necessariamente bens materiais. Procuremos aproveitar todos os momentos em que possamos lançar uma bênção silenciosa às pessoas que cruzam nosso caminho. Não desprezemos uma só oportunidade de ajudar quem nos pede um pedaço de pão, um agasalho, um cobertor, um conselho amigo, seja lá o que for.

> *Quando uma pessoa nervosa nos procura e passa a falar sobre suas dores, procuremos oferecer toda a nossa atenção carinhosa, e, enquanto ela fala, projetemos pensamentos de calma e serenidade sobre ela.*
> *Se passar por nós uma ambulância em regime de atendimento urgente, procuremos fazer uma prece em favor da pessoa que está sendo socorrida.*
> *Se nos depararmos com um acidente na rua, procuremos orar pela paz dos motoristas envolvidos.*
> *Se passarmos defronte a um hospital, procuremos deixar uma vibração de amor para os que estão internados,*

---

[77] *100 Anos de Chico Xavier, Fenômeno Humano e Mediúnico*, Carlos A. Baccelli, LEEPP Editora.

e também oremos pelos médicos e enfermeiros que ali trabalham.
Se notarmos um comércio abrindo suas portas, façamos uma prece pela prosperidade daquele novo estabelecimento.
Se um vizinho nosso está enfermo, façamos aquela visita levando palavras de otimismo e bom ânimo.
Se uma notícia trágica nos surpreendeu, oremos pela serenidade de todos os envolvidos.
Se algum irmão passa fome na rua, procuremos repartir a comida que sobra em nossa mesa.
Se alguém nos provoca com a injúria, ofereçamos a ele a caridade do nosso perdão.

Sigamos o conselho de Madre Tereza de Calcutá:

> Não devemos permitir que alguém saia da nossa presença sem se sentir melhor e mais feliz.

Essa é a bênção mais poderosa que alguém poderia alcançar. E está acessível a cada um de nós, pertinho das nossas mãos, agora mesmo. Continuemos pedindo a Deus as bênçãos de que carecemos, mas não nos esqueçamos também de que Deus nos deu o poder de abençoar a nós mesmos através da bênção da caridade que fizermos aos outros.

Se falharmos no amor, teremos falhado em todo o resto.

Morrie Schwartz

Abismo ou ponte?

Não vamos dramatizar a dor! A prova, seja ela qual for, não vem para esmagar, mas para induzir a crescer. A pedra de tropeço pode ser transformada em degrau. Está no próprio homem escolher ser abismo ou ponte!

CHICO XAVIER[78]

NINGUÉM GOSTA DE SOFRER, não achamos que a dor seja absolutamente necessária em nossa vida, mas não podemos deixar de reconhecer que o sofrimento muitas vezes é a única maneira que a sabedoria divina dispõe para nos dar um "choque de crescimento". Quando o homem se recusa a crescer em seu aspecto intelectual, emocional e espiritual, costumo compará-lo a um carro atolado na lama. Fica atolado porque se opõe à lei de evolução à qual todos os seres no planeta estão submetidos.[79] O espírito carece de se expandir, assim como um carro que foi concebido para rodar e não para ficar parado na garagem. Carro que fica muito tempo sem uso geralmente costuma apresentar problemas.

---

[78] *Doutrina Viva*, psicografia de Carlos A. Baccelli, Didier Editora.
[79] Consulte resposta à questão n. 132, de *O Livro dos Espíritos*, Allan Kardec.

| Cura e Libertação |

O Espírito quando se recusa a crescer costuma também enfrentar uma série de obstáculos em sua vida. Quanto maior a resistência, maior o sofrimento.

O que faz o nosso carro atolar é o egoísmo, o sofrimento que causamos aos outros com o nosso modo de ser, a falta de amor a nós, a ausência de responsabilidade sobre nossa vida, a falta de empenho e perseverança com nossos objetivos, a descrença em Deus, a negação da autoconfiança, a mágoa, o medo e a revolta, tudo isso nos afunda cada vez mais no lamaçal de uma série infindável de problemas. O sofrimento sempre aparece quando entramos num processo de contração das nossas possibilidades de crescimento, porque, segundo o ensinamento de Jesus, o homem veio à Terra para multiplicar os talentos que Deus lhe concedeu, e assim agindo trabalha pelo aperfeiçoamento individual e coletivo. Mas, recusando-se a crescer, o homem se atrita com a lei divina, e por conta disso se defrontará com sofrimentos dos mais variados.

Para aquele que enterra seus talentos nos buracos do medo e do comodismo, da maldade e da negligência, que não dá o melhor de si para a vida, que se recusa a avançar e a crescer, Jesus o denomina de servo mau e preguiçoso, e diz que pessoas assim serão lançadas na escuridão e ali haverá choro e ranger de dentes.[80] Não se trata evidentemente de um castigo celestial, porque Deus não pune ninguém, é o próprio homem que se condena quando passa a levar sua vida como um servo mau e preguiçoso. Jesus nos oferece, na parábola dos talentos, uma pista fundamental para quem deseja a cura e a libertação:

Você é um servo de Deus.

A primeira pista é a seguinte: Jesus nos chama de servos.

---

[80] N.T. Mateus 25, 14-30.

Portanto, Ele diz o que somos, qual é a nossa função no mundo, qual o papel que precisamos desempenhar para sermos felizes. Nascemos para servir e não apenas para sermos servidos. Aí está a raiz de muitos de nossos males, porque amiúde a maioria de nós gosta de ser servido e poucos se sentem felizes em servir. A sociedade materialista não dá valor aos que servem, esquecendo-se de que Deus nos serve até hoje através de infindáveis mecanismos de sustentação da nossa vida física, emocional, social e espiritual. Muitos acreditam que servir é estar por baixo, é algo humilhante, quando Jesus nos revela que, se alguém quiser ser o primeiro, que seja antes o servo de todos.[81]

Ignoramos que servindo desinteressadamente ao nosso semelhante acionamos os mecanismos da nossa evolução, ao contrário daquele que vive para ser servido e que apenas retarda seu progresso. Quem serve conquista méritos preciosos, amplia suas capacidades e talentos, encontra um verdadeiro tesouro de bênçãos, pois entra em harmonia com a lei espiritual da abundância. Jesus afirma que veio para que nós tivéssemos vida, e vida em abundância.[82]

A provisão de Deus é infinita, os celeiros divinos estão fartos de bênçãos a todos os filhos que assumam essa condição de trabalhadores do Pai.

Para que a lei da abundância me cubra de bênçãos, eu preciso favorecer os outros com a aplicação dos recursos de que já disponho. As Leis Espirituais funcionam na base da reciprocidade: o que você quer receber primeiramente precisa dar.

Deus é o patrão mais generoso que existe, pois remunera

---
[81] N.T. Marcos 9, 35.
[82] N.T. João 10, 10.

abundantemente o servo bom e fiel. Ser servo de Deus é trabalhar para Deus, e assim deveremos nos comportar no âmbito das nossas relações pessoais e sociais. Na minha atividade profissional, eu trabalho para Deus realizando o melhor ao meu alcance em favor das pessoas que precisam dos meus produtos ou serviços. Na família, eu trabalho para Deus servindo aos meus familiares. Com os amigos, eu sirvo ao Pai oferecendo o melhor da minha amizade. Em relação aos menos favorecidos, eu trabalho para Deus compartilhando com eles os recursos de que já disponho. Não nos esqueçamos, porém, que servir é ir além do próprio dever, é oferecer um toque a mais de capricho, gentileza e cuidado. Este é o servo bom e fiel a que Jesus se refere, o qual entrará no gozo do Senhor.[83] Dá para imaginarmos o significado dessa expressão? Entrar no gozo do Senhor é participar da alegria de Deus e assim nossa vida automaticamente se tornará alegre e feliz. A maior ajuda que uma pessoa pode fazer a si mesma é socorrer outra em dificuldade. Meditemos nessas palavras de Jesus: "Deem aos outros, e Deus dará a vocês".[84]

> *Quando me abro para o próximo, Deus se abre para mim. Quando me fecho no egoísmo, tranco as portas para o socorro de Deus.*

Servimos alguém quando colocamos os nossos talentos e recursos não apenas em função das nossas necessidades individuais, mas também em favor das necessidades do próximo. Conheci um médico cardiologista de renome em São Paulo, com vasta e abastada clientela. Ele me revelou que reserva vários horários em

---

[83] N.T. Mateus 25, 21.
[84] Lucas 6, 38. *Bíblia Sagrada, Nova Tradução na Linguagem de Hoje, Paulinas.*

sua agenda para atender pessoas que, por falta de recursos financeiros, não lhe podem pagar a consulta. Eu o elogiei pela atitude e ele me disse que não estava fazendo nada demais, pois não havia se formado médico para socorrer apenas os ricos, mas sim para socorrer pessoas doentes, independentemente de sua condição financeira. Ele brincou comigo dizendo que, se o enfarte não escolhe classe social para atacar, ele como médico também não poderia fazer essa opção.

Esse médico é um servo de Deus, um servo da vida, porque é um servo de todos. Sua clientela aumenta a cada dia, no entanto sua maior felicidade, segundo ele mesmo fez questão de frisar, é ajudar os menos favorecidos socialmente, porque é extremamente prazeroso restituir a saúde de um homem cuja família depende exclusivamente do seu trabalho para sobreviver. "Os familiares nada pagam pelo meu trabalho, mas recebo honorários com elevadas somas de gratidão e carinho, e isso não tem dinheiro que pague," disse-me o médico emocionado. Pensando nisso eu me lembrei de um pensamento de Batuíra:

> Fora do trabalho que se expressa em serviço ao bem geral estamos conosco, mas, dentro do serviço que se expressa em trabalho constante no bem dos outros e na felicidade de todos, estamos e estaremos com Jesus.[85]

A dor vem para induzir a crescer

Deus criou suas leis para serem cumpridas, e todos nós vamos inevitavelmente avançar até atingirmos a condição de espíritos perfeitos, leve o tempo que for para que isso aconteça. E a forma que a sabedoria divina tem para tirar nosso carro do

---
[85] *Mais Luz*, psicografia de Francisco Cândido Xavier, GEEM.

atoleiro é dinamizar no homem a sua força interior, a fim de que ele, através do próprio esforço – esforço que ele costumeiramente se negava a fazer –, consiga recolocar o carro da sua vida na estrada do crescimento. Nossa força interior é estimulada exatamente pela necessidade de tirarmos o carro do atoleiro. A dificuldade é o meio pelo qual a vida possibilita ao homem o resgate de suas capacidades e talentos para solucionar os problemas a que suas próprias imperfeições espirituais deram causa.

Daí o importante alerta de Chico Xavier: "Não vamos dramatizar a dor". Dramatizar é fazer drama, e a dor não é motivo para que isso aconteça. Ao contrário, o problema é um aviso que a vida me dá no sentido de que eu não estou realizando o melhor ao meu alcance, tampouco desafiando minha capacidade de crescer mais e servir mais. Este sinal deve ser interpretado de forma positiva para que eu tome as medidas necessárias para agir de conformidade com os recursos e capacidades de que já disponho ou buscando novas habilidades que já se encontram ao meu alcance.

A vida sempre exige o melhor de nós, pois é dessa forma que a lei de evolução se cumpre. Quando não damos o melhor, surge a prova para estimular esse melhor de nós. Quem dramatiza a própria dor está perdendo a oportunidade de resolver os seus problemas; certamente está aumentando a carga das suas aflições. A dramatização é um excesso de importância que damos a determinado problema. E tudo a que damos importância tende a crescer. Tanto quanto possível, vamos tirando a importância do problema, pois aos poucos ele vai diminuindo de tamanho, vai deixando de ser aquele monstro que a nossa mente criou pela dramatização até ficar do tamanho real que ele tem, e assim poderá ser solucionado com muito mais facilidade.

Se você recebe a notícia que está num prédio em chamas, não adianta ficar dramatizando a situação, você precisa encontrar meios para sair dela, pois do contrário poderá ser atingido fatalmente pelo fogo. É assim que ocorre a muitos. Revoltam-se, choram, gemem suas dores, clamam por socorro, mas não movimentam as próprias forças e capacidades para se livrarem do incêndio das próprias aflições.

A prova não vem para esmagar, vem como um trampolim para nos impulsionar a uma vida mais produtiva e feliz. Muitas pessoas me dizem que mudaram sua vida para melhor depois que passaram por uma doença grave. Ante a perspectiva da morte que a doença trazia, elas fizeram transformações tão radicais que reavivaram suas forças interiores de tal modo que a doença se curou pelo forte impulso da renovação interior.

Vejamos o interessante caso de Andrea, técnica de radiologia, diagnosticada com câncer de mama, cujo tratamento foi acompanhado pela imprensa para investigar os métodos terapêuticos utilizados. Entrevistada pelo jornal *Zero Hora*, Andréa declarou que as cicatrizes no corpo provocaram mudanças na alma: "Estou transformada. Hoje sou mais paciente e tolerante. Antes era apegada demais nas coisas materiais e passava o dia correndo. Foi esse estresse que me fez ficar doente. Uma parte daquela Andréa de antes morreu. Foi retirada junto com a doença".[86]

A doença surge como mensageira da vida, desde que lhe atendamos aos impositivos da renovação interior. Tal como ocorrera a Andrea, muitas pessoas passaram a experimentar uma vida substancialmente melhor depois que a doença retirou a negatividade que estava enraizada em seus corpos.

---

[86] *Cura Espiritual*, Imprensa Livre.

| Cura e Libertação |

Eram pessoas revoltadas com a vida, e depois passaram a enxergar as inúmeras bênçãos de que eram portadoras.
Viviam na ingratidão, e depois reconheceram quantas dádivas tinham a agradecer.
Desperdiçavam a vida com queixas, e depois transformaram suas horas vazias de reclamação em horas cheias de atividades enriquecedoras para si e para o próximo.
Demoravam-se perdidas entre o passado e o futuro, e depois despertaram para a dádiva do momento presente.
Acreditavam que a doença havia lhes trazido a morte, e posteriormente reconheceram que a doença veio apenas lhes trazer a vida que haviam esquecido de viver.

O sofrimento, por si só, não muda ninguém. O que muda é o aprendizado que cada um é capaz de fazer diante da dor que nos visita. Chico Xavier ensina que diante dos obstáculos da vida cada um pode ser abismo ou ponte. Se apenas dramatizo a dor, eu vou para o abismo dos sofrimentos intermináveis. Mas, se interpreto a dor como um aviso de que eu não estou dando o melhor de mim para a vida, transformo a dor em ponte para o meu progresso e felicidade. Tudo é uma questão de escolha, escolha que cada um de nós está fazendo a cada minuto da nossa existência. A melhor escolha que cada um pode fazer em sua vida é o amor. Sofremos porque não escolhemos o amor nas mais diversas situações existenciais.

Tratar bem alguém é escolher o amor.
Oferecer um bom serviço ao cliente é escolher o amor.
Cuidar bem de si mesmo é escolher o amor.

Ajudar a quem sofre é escolher o amor.
Não prejudicar o semelhante é escolher o amor.
Acreditar em si mesmo quando todos duvidarem de si é escolher o amor.
Permitir-se recomeçar todas as vezes que cair é escolher o amor.
Perdoar é escolher o amor.
Sentir a esperança no meio do caos é escolher o amor.
Abandonar a sensação de ser vítima é escolher o amor.
Deixar de fazer drama é optar pelo amor.

Lembre-se sempre desse pensamento de Albert Einstein:

> Se um dia tiver que escolher entre o mundo e o amor, lembre-se: se escolher o mundo, ficará sem o amor, mas, se escolher o amor, com ele conquistará o mundo.

Outro dia, caminhando pelas ruas de São Paulo, avistei uma linda e pequena flor nascendo em meio ao asfalto da caótica Av. Paulista. Admirado, perguntei-me quem havia plantado aquela flor em lugar tão impróprio. E uma voz interior me respondeu:

Foi Deus, meu filho, quem plantou essa flor. Plantou para lembrar ao homem que, mesmo em meio às situações mais adversas, sempre será possível encontrar um espaço interior onde nossas esperanças possam ressurgir e onde a flor do nosso espírito possa desabrochar com toda a riqueza dos talentos que Deus, o grande Jardineiro da vida, plantou em cada um de nós. Essa flor é uma serva de Deus, ela encantou a você, encantará a tantos os que dela se aproximarem. Como Deus é bom, como a vida é maravilhosa para quem tem olhos de ver.

| Cura e Libertação |

Pensando naquela flor subsistindo bravamente em meio à poluição dos carros, à dureza do concreto e à própria indiferença das pessoas é que neste momento eu quero sinceramente orar em seu favor.

Ore comigo, estamos de mãos dadas diante de Deus que cuida daquela florzinha na Av. Paulista e que por isso também cuidará de você com muito mais amor e atenção. Senhor Deus, peço por esta pessoa amiga que me lê neste instante, suplico que ela não se fixe na dureza do asfalto das provações que hoje estão em sua vida, mas que procure se enxergar como aquela florzinha rompendo heroicamente o solo duro do desencanto para desabrochar florida em lindas cores. Que ela sinta sua mão amiga regando-a com as energias da cura e da libertação, como chuva no deserto matando a sede dos viajores cansados pelo calor das aflições.
Que assim seja!

A mente está em seu próprio lugar, e em si mesma. Pode fazer um Céu do Inferno, um Inferno do Céu.

John Milton

Como sair das trevas

Eu sou a luz do mundo, quem me segue não andará em trevas, mas terá a luz da vida.

Jesus[87]

Jesus afirma categoricamente que a pessoa que o seguir não andará em trevas. Entendo que ao utilizar a expressão "trevas" Jesus quer se referir a tudo aquilo que nos deixa na escuridão do sofrimento. Os problemas que nos preocupam parecem ter esse efeito de escurecer os nossos dias, encobrem o brilho da alegria e do prazer de viver. O que me causa estranheza é o fato de constatar que a maioria de nós já teve algum tipo de contato com os ensinamentos espirituais que Jesus apresentou à humanidade, e nem por isso deixamos de andar em trevas.

A Bíblia é o livro mais vendido em todo o mundo. Os cristãos formam o maior grupo religioso do planeta com mais de dois bilhões de adeptos declarados. Muitas pessoas, embora professando outros credos, admiram as lições deixadas pelo Cristo.

---
[87] N.T. João 8, 12.

Gandhi chegou a afirmar que: "Se se perdessem todos os livros sacros da humanidade e só se salvasse o Sermão da Montanha, nada estaria perdido".

Por que então o fato de conhecermos Jesus não torna nossa vida melhor? Por que ainda andamos em trevas apesar de conhecer e admirar o Mestre? Quem deseja encontrar cura e libertação para suas aflições precisa responder a essas perguntas. Estou certo, porém, que, se as respostas forem francas e verdadeiras, encontraremos facilmente o lugar onde se encontra o interruptor que nos permite acender a luz da felicidade.

Seguir Jesus

Em diversas passagens do Evangelho, Jesus convidava as pessoas a segui-lo. Não se tratava de simplesmente acompanhá-lo fisicamente, não era esse o propósito principal. Jesus não queria apenas ser conhecido. O Cristo não almejava ter apenas admiradores. Jesus é mais audacioso. Ele queria ter seguidores. Queria e ainda quer. E você é um deles, por isso Jesus o procura há centenas de anos, sem nunca desistir de você. Querer seguidores não é uma atitude narcisista do Cristo. No fundo, Jesus deseja ser compreendido, almeja que sigamos seus ensinamentos, porque sabe que, se fizermos isso, encontraremos a cura e a libertação do nosso sofrimento. "Quem me segue não andará em trevas". Ele pede que o sigamos porque deseja que sejamos felizes. "Quem me segue terá a luz da vida."

A mensagem do Evangelho é um convite muito mais amplo do que simplesmente o contato superficial com Jesus geralmente estabelecido nos momentos em que as dores nos atingem de forma mais intensa. Proclamar-se cristão é muito pouco. Admirar Jesus não é suficiente. Pedir-lhe ajuda não é tudo. Ter conhecimento do Evangelho é apenas meio caminho andado.

Conhecê-lo é o primeiro passo, mas não o único. Muitos param aí. Temos noção dos principais ensinamentos do Cristo, sabemos que Ele pregou o amor como maior mandamento de vida, mas não vivemos o amor, preferimos viver no egoísmo e, por isso, mergulhamos nas trevas do sofrimento. No Brasil a imensa maioria da população é cristã, cerca de 90%, mas, a despeito de acreditarmos em Jesus e conhecermos suas lições de amor e fraternidade, ainda convivemos com a fome, a miséria, a violência e o egoísmo. Não falo desses problemas apenas no terreno social, pois eles também ocorrem em nosso universo íntimo, aliás, é a partir do nosso mundo interno que nascem os demais problemas pessoais e coletivos.

> *Quantas vezes temos o crucifixo pendurado no pescoço e somos violentos no lar, no trânsito ou no trabalho.*
> *Quantas vezes fazemos o sinal da cruz ao iniciarmos o nosso dia e fechamos os olhos ao calvário de dores do nosso vizinho.*
> *Quantas vezes temos um quadro do Mestre em nossa casa e tratamos os familiares com indiferença e rispidez.*
> *Quantas vezes nos ajoelhamos nos templos religiosos em atitude de reverência ao Cristo, mas com os pensamentos carregados de maledicência em relação ao próximo.*
> *Quantas vezes imploramos o perdão das nossas ofensas trazendo no peito ressentimentos sem conta.*
> *Quantas vezes choramos a coroa de espinhos colocada injustamente em Jesus, mas continuamos cravando espinhos de desamor em nós mesmos.*

Certamente isso ocorre porque ainda não tomamos a decisão de viver de acordo com o Evangelho, isto é, ainda estamos vivendo distantes do amor, porque o amor resume todas as leis espirituais que governam os destinos do homem na Terra, conforme o próprio Cristo nos informou.[88]

Bastaria um passo na direção do amor que toda a nossa vida se transformaria.

Seguimos uma pessoa quando percorremos o mesmo caminho que ela trilhou. O Mestre deseja que nossos passos se aproximem dos passos dele, que nossas escolhas sejam as escolhas que ele faria se estivesse em nosso lugar. O Evangelho é um mapa minucioso que nos aponta o caminho da felicidade. O propósito de Jesus é o de que cada um de nós siga esse caminho, porque desviar-se dele é tomar atalhos perigosos que nos trarão dor e sofrimento. Quando nos desviamos do roteiro proposto pelo Nazareno, surgem os problemas em nossa vida.

Além de pedir a Jesus que nos ajude a sair de um determinado problema, deveríamos também perguntar a ele como fazer para não criar o problema.

Seguimos Jesus quando nos empenhamos em incorporar suas lições em nossa vida, sobretudo quando deixamos que o amor guie nossas atitudes.

Sentimos que Deus nos ama incondicionalmente?
Somos amorosos conosco?
Demonstramos amor ao nosso semelhante?
Temos uma relação de amor com a vida?
Limpamos nosso coração machucado com o remédio do perdão?

---
[88] N.T. Mateus 22, 36-40.

Vejamos, assim, que seguir Jesus é muito mais do que simplesmente frequentar o templo da nossa fé, fazer algumas rápidas orações ou oferendas e sair da igreja ou do centro espírita da mesma forma que entramos.

Ninguém sai das trevas apenas com formalidades religiosas ou com a prática de rituais despidos do propósito de nossa elevação espiritual.

Sair das trevas é trazer os ensinamentos espirituais para o altar da nossa vida, é assumir a nossa condição de filhos amados por Deus, e, a partir dessa conexão amorosa com o *Pai Nosso*, irradiarmos bondade a nós mesmos e a todos os que nos cercam. Quando isso acontece, entramos numa faixa de energia tão superior que nossa vida se ilumina de felicidade e as trevas batem em retirada. É como abrir as janelas do nosso quarto para deixar a luz do sol entrar. A escuridão é ausência de luz. Se estivermos mergulhados em trevas, é porque estamos com a mente e o coração fechados à maior e mais poderosa energia existente no universo que é o amor.

Só o amor traz coragem, aliás, as palavras "coragem" e "coração" possuem fortes ligações etimológicas. Uma mãe é capaz de qualquer sacrifício pelo filho porque o ama, é capaz de sacrificar a própria vida se preciso for para salvá-lo. Ela faz isso porque ama, e o amor produz essa força descomunal que nos impulsiona a superar qualquer obstáculo ou dificuldade. Agora quem se distancia do amor vive com medo, sente-se fraco. E o medo traz insegurança, passividade, tristeza, doença e toda gama de sentimentos negativos que produzem energias baixas e que redundam em sofrimentos que o amor poderia ter evitado. O trabalho espiritual mais forte e profundo que poderemos fazer em nosso benefício é viver no amor, pois o amor gera otimismo, coragem, confiança e alegria, deixa a nossa energia no mais alto nível e assim atraímos situações de vida que nos trarão a cura da infelicidade. Por isso afirmou Jesus:

Aquele que me seguir terá a luz da vida.

Se hoje experimentamos as trevas do sofrimento, é sinal de que nos afastamos dos caminhos que o Cristo nos apontou, e com isso perdemos a conexão com Deus, nos desligando da fonte que nos abastece de amor, saúde e paz. Perdemos o endereço de Deus quando nos distanciamos da bondade, quando nos afastamos da nossa essência divina. Não foi Deus quem nos esqueceu, nós é que nos afastamos do Pai quando trocamos o perdão pelo ódio, a generosidade pela mesquinhez, a compreensão pela maledicência, a fé pelo pessimismo, a confiança pela descrença, o altruísmo pelo egoísmo.

Todas as escolhas contrárias ao amor rebaixam fortemente a nossa energia e, com isso, atraímos o sofrimento em forma de doenças, miséria, violência, acidentes e tantas outras tragédias que se abatem sobre nós.

Seguir Jesus é a chave que nos faz conectar com a fonte divina e faz restabelecer a felicidade em nossa existência. Seguir Jesus é deixar o amor entrar em nossa vida em atos, pensamentos e palavras. Escolher o amor é tratar o próximo da mesma forma que nós gostaríamos de ser tratados. Na maioria das vezes, o amor não exige nenhum gesto heroico ou dramático, bastam apenas pequenas atitudes positivas que farão toda a diferença. A gentileza no trânsito a um motorista em apuros, o sorriso espontâneo quando revemos um amigo ou quando somos apresentados a um desconhecido, a afabilidade com as pessoas de trato mais difícil, a palavra amiga a um companheiro em dificuldades, o prato de comida a quem está com o estômago vazio, a visita a um companheiro enfermo, a oração a um irmão em perigo, o silêncio com as imperfeições alheias são, todas elas, manifestações de amor.

> **Amar é querer bem a alguém, então todas as vezes que queremos o bem de alguém e fazemos algo para que isso ocorra estamos amando essa pessoa.**

E, quando temos um gesto de amor na Terra, abrimos automaticamente as portas do céu para nós. Não sejamos meros conhecedores das verdades espirituais. Se formos a um restaurante, não nos alimentaremos se ficarmos apenas olhando para o cardápio. É preciso escolher o prato e depois saborear a comida. É a alimentação que sustenta a nossa vida biológica. O mesmo ocorre com os ensinamentos espirituais. Não basta conhecê-los dos livros sagrados, precisamos saboreá-los em nossa vida, pois somente assim andaremos com a luz espiritual da felicidade.

Poderemos começar a iluminar nossa vida agora mesmo. Basta aceitarmos o convite que Jesus continua nos fazendo há mais de dois mil anos: "Vem e segue-me".[89] E, quando aceitarmos esse convite, o amor vai nos dar tanta alegria e felicidade que nós vamos querer cantar essa música com o Jorge Vercillo:

> *Nada vai me fazer*
> *Desistir do amor*
> *Nada vai me fazer*
> *Desistir de voltar*
> *Todo dia pro seu calor*
> *Nada vai me levar do amor.*[90]

---

[89] N.T. Lucas 18, 22
[90] Trecho da canção *Que nem Maré*, Jorge Vercilo.

É caindo no abismo que recuperamos os tesouros da vida. É no lugar em que você tropeça que se esconde seu tesouro. Aquela mesma caverna onde você teme entrar transforma-se na fonte daquilo que você procura.

Joseph Campbell

Descer da árvore

Zaqueu, desça depressa, pois hoje preciso ficar na sua casa.
Jesus[91]

RESPONDA COM SINCERIDADE A ESTA PERGUNTA: "Você se convidaria a dormir na casa de um homem desconhecido e reputado pela população como desonesto?" Se você é como eu, provavelmente respondeu que não.

Mas Jesus, contrariando todas as previsões humanas, fez esse inusitado autoconvite a Zaqueu quando o encontrou, pela primeira vez, trepado numa árvore em praça pública na cidade de Jericó. Zaqueu era um homem rico, bem posicionado socialmente, exercia o cargo de chefe dos cobradores de impostos de sua cidade. E por que ele procura Jesus? Por que um homem poderoso e afortunado, considerado feliz pela sociedade, teria motivos para ir em busca do Mestre?

---

[91] Lucas 19, 5. *Bíblia Sagrada, Nova Tradução na Linguagem de Hoje*, Paulinas.

| Cura e Libertação |

Nada obstante a riqueza e a respeitabilidade social, Zaqueu estava com as emoções perturbadas. Andava cabisbaixo, olhar triste, uma sensação de vazio interior o angustiava. Além do mais, deprimia-se porque as pessoas do povo não queriam a sua companhia, evitavam-no a todo o custo. Ele vivia isolado socialmente, não obstante a sua excelente posição financeira.

E Zaqueu talvez soubesse o motivo. Era rico, mas não era feliz como muitos pensavam. Tinha prestígio social, mas não tinha amigos. Alcançara todos os seus objetivos, mas vivia perdido dentro de si mesmo. Sua consciência pesava. Taxado de pecador pela multidão que acompanhava Jesus,[92] o cobrador de impostos sabia no íntimo que conquistara sua riqueza por meios ilícitos. Explorava o povo com os tributos exigindo mais do que o devido. Era um cobrador implacável, perseguia cada contribuinte em débito, escorchando-o até receber o devido e o indevido, o justo e o injusto.

Zaqueu sentia uma fome incontrolável de enriquecer a qualquer preço, porque somente assim se sentia alguém importante. Qualquer psicólogo de hoje diria que por detrás daquele homem ganancioso havia alguém sofrendo um tremendo complexo de inferioridade. E, para tentar exorcizar esse demônio interior, Zaqueu precisava ostentar riqueza e poder. Quem se sente menos pode lutar obsessivamente para ter mais. É uma forma insana de compensação porque ninguém preenche os buracos da alma com objetos materiais. E nenhuma joia era capaz de fazer isso, nenhum cargo político, nenhum remédio, nenhuma comida ou bebida.

Zaqueu era atacado por um perigoso vírus chamado "desamor", responsável pela mais terrível das doenças espirituais:

---

[92] N.T. Lucas 19, 7.

o egoísmo. Quem vive longe do amor tende a fazer das coisas materiais a única razão da sua vida, coisas que, por mais bonitas ou valiosas, não podem lhe dar amor. Quem sofre de desamor vive se rejeitando, e quem se rejeita pode ter todo o dinheiro do mundo que continuará se sentindo um miserável por dentro. É muito verdadeira esta mensagem sobre o dinheiro:

> *Com dinheiro pode-se comprar uma casa, mas não um lar.*
> *Com dinheiro pode-se comprar uma cama, mas não o sono.*
> *Com dinheiro pode-se comprar um relógio, mas não o tempo.*
> *Com dinheiro pode-se comprar um livro, mas não o conhecimento.*
> *Com dinheiro pode-se comprar comida, mas não o apetite.*
> *Com dinheiro pode-se comprar posição, mas não respeito.*
> *Com dinheiro pode-se comprar sangue, mas não a vida.*
> *Com dinheiro pode-se comprar remédios, mas não a saúde.*
> *Com dinheiro pode-se comprar sexo, mas não o amor.*
> *Com dinheiro pode-se comprar pessoas, mas não amigos.*[93]

E foi por isso que, com a alma sangrando, sentindo-se o pior de todos os seres, Zaqueu procura Jesus em meio à multidão que se amontoava em torno do Mestre do Amor. Mas por que Zaqueu subiu a uma frondosa figueira para encontrar Jesus?

Narra o Evangelho que o chefe dos cobradores de impostos era um homem de baixa estatura, razão pela qual ele temeu que, no meio de tanta gente, Jesus não conseguiria vê-lo. Nós também temos um pouco da desconfiança de Zaqueu, muitas vezes achamos que estamos longe dos olhos do Senhor. Esquecemos, porém,

---

[93] Autoria desconhecida.

que o Cristo se declarou como sendo o bom Pastor que conhecia as suas ovelhas e que daria sua vida por elas.[94] Isso não foi uma declaração vazia de Jesus. O Mestre deu a sua vida por nós, e continua se doando por inteiro até os dias de hoje. Ele está fazendo isso comigo e sei que faz o mesmo por você neste instante. Jesus sabe quem somos, onde estamos e como estamos, e deseja se encontrar conosco o mais depressa possível. Foi Ele quem assegurou:

> Eu estarei permanentemente convosco, até o fim dos tempos.[95]

Mas voltemos a Jericó. O desespero de Zaqueu faz-lhe tomar uma atitude incomum: homem rico, poderoso, ostentando joias caras e roupas suntuosas, não se envergonha de subir a uma árvore só para ser visto por Jesus. E conseguiu seu objetivo. Imagino que Jesus deva até ter achado graça na conduta do poderoso cobrador de impostos agarrado aos galhos da árvore para não cair. Mas ele "caiu" quando Jesus, sem mais nem menos, lhe pede que desça imediatamente, pois ele desejava pousar em sua casa.

Que momento lindo! Jesus não faz nenhum sermão, não fala dos pecados de Zaqueu, nem o ignora por conta de injustiças praticadas. Enquanto a multidão acusava Zaqueu de pecador, Jesus o acolhia com o bálsamo da compaixão. Jesus conhece as feridas daquele pobre homem, sabe que Zaqueu precisava se sentir amado, acolhido, precisava ser valorizado por aquilo que ele era e não por conta daquilo que ele tinha. Zaqueu precisava de misericórdia e não de julgamento, aliás, ele já estava sendo severamente julgado pela própria consciência.

---

[94] N.T. João 10, 14-15.
[95] Mateus 28, 20. *Novo Testamento com Salmos e Provérbios*, King James, Edição de Estudo, Abba Press Editorial.

Há quanto tempo Zaqueu não recebia alguém em sua casa. Ninguém queria ter contato com o pecador Zaqueu, mas Jesus vai em busca dos que sofrem, dos equivocados, vai em busca dos que não são amados, dos que não se amam. Ele vai em busca de você, de mim, de todos aqueles que estão sofrendo com o coração vazio de amor. O Cristo é claro ao afirmar que veio para curar os doentes e não os sãos, veio para resgatar os equivocados e não os justos.[96] Diante das nossas feridas, Jesus é cuidadoso. Traz o remédio do perdão e da misericórdia e nos indica o caminho do amor que tudo cura e tudo liberta.

Zaqueu se sentiu tão amado e tão arrependido diante do silêncio amoroso de Jesus que prometeu doar metade dos seus bens aos pobres e restituir quadruplicado aquilo que havia cobrado injustamente dos cidadãos de Jericó. É o instante do milagre, da salvação de Zaqueu, porque foi o instante em que Zaqueu abriu uma brecha da sua alma para o amor. Nesse momento ocorre a sua cura e libertação, a salvação a que Jesus se refere quando ouviu as promessas do homem rico que desejou repartir sua riqueza com os mais pobres, do homem injusto que procurou a reconciliação com aqueles a quem havia lesado. O amor tornou Zaqueu rico de tanta alegria e segurança que ele renunciou à metade da sua fortuna em favor dos pobres. O amor o impeliu a se reconciliar com todos aqueles a quem ele havia prejudicado. Somente assim entendemos as palavras do Apóstolo Pedro:

> Antes de tudo, exercei profundo amor fraternal uns para com os outros, porquanto o amor cobre uma multidão de pecados.[97]

---

[96] N.T. Mateus 9, 12-13.
[97] I Pedro 4, 8. *Novo Testamento com Salmos e Provérbios*, King James, Edição de Estudo, Abba Press Editorial.

| Cura e Libertação |

Naquele instante, tocado pela imensa compaixão do Cristo, Zaqueu se cura pelo amor, pela caridade, pela renovação de seus propósitos de vida e pela reparação dos seus erros. Não há mais culpa, não há mais queixa, não há mais tristeza. Há somente espaço para o amor que nos redime perante a vida. A cura e a libertação somente ocorrem quando houver espaço para o amor.

Estou convicto que, ao ler este capítulo, você e eu estamos tendo a mesma oportunidade que Zaqueu teve de encontrar Jesus. Estamos com os mais variados problemas, sentimos solidão e fraqueza diante das adversidades. Uma sensação de impotência e desvalia toma conta de nós. É possível que estejamos tão ou mais abalados do que esteve Zaqueu. Este livro simboliza a árvore onde encontramos Jesus. Ele sempre nos busca e nos encontra nas páginas deste livro. Nenhum sermão nos dirige, nenhuma palavra de condenação sobre o nosso passado de erros. Nenhum olhar de desesperança sobre nós. Olhamos para o livro, percorremos as linhas em busca de cura e libertação, queremos recomeçar nossa vida, queremos não perder a esperança em dias melhores, queremos acreditar que nossos sonhos não morreram, que não somos a pior pessoa do mundo, que não somos fracassados incorrigíveis, que ainda podemos acertar.

E o Mestre, enchendo-se de amor por nós, sussurra palavras de amor em nossa alma:

"Meu filho, desça da árvore que hoje quero pousar na sua casa".

Quero ficar com você porque o amo e o compreendo. Quero ficar no cantinho do seu coração para que você sinta como é amado e querido pelo Pai e por mim.
Abra as portas para que o amor preencha sua vida de paz,

saúde e confiança. Fora do amor, filho amado, ninguém é feliz. Desça da árvore da indecisão e da insegurança, reconcilie-se consigo mesmo, dê-se um voto de confiança, porque eu confio em você, olhe-se com bons olhos, porque eu o vejo como obra-prima de meu Pai, queira-se bem tanto quanto eu lhe quero muito bem.

Os passos equivocados que você deu foram escolhas feitas com base no medo. Hoje, eu o convido a escolher com base no amor.

Ame ao seu irmão tanto quanto eu lhe tenho amado.

Ame a si mesmo por aquilo que você é e não por aquilo que você tem. É assim que Deus o vê.

Reconcilie-se com aqueles a quem tenha prejudicado. Você se sentirá tão bem se fizer isso!

Siga-me tanto quanto eu venho seguindo seus passos desde a noite dos tempos.

Vem e segue-me, filho amado.

O encontro de Jesus com Zaqueu poderia ter terminado naquela árvore. Zaqueu poderia escolher não descer, ficar na mesma, esperar mais um pouco, quem sabe outro dia.

E o nosso encontro com Jesus, como vai terminar? Ficará apenas nas páginas deste livro?

Ou desceremos da árvore para recebê-lo na morada do nosso coração?

Para que o nosso encontro com Jesus seja tão belo quanto foi o de Zaqueu, eu o convido a refletir nesta música composta exatamente sobre esse momento tão maravilhoso, o momento que todos nós teremos com Jesus. Quem sabe hoje tenha chegado o nosso dia de descer da árvore. Que tal cantarmos esta linda canção:

| Cura e Libertação |

Como Zaqueu eu quero subir
O mais alto que eu puder
Só pra Te ver, olhar para Ti
E chamar Sua atenção para mim
Eu preciso de Ti, Senhor
Eu preciso de Ti, ó Pai
Sou pequeno demais
Me dá Tua paz
Largo tudo pra Te seguir
Entra na minha casa
Entra na minha vida
Mexe com minha estrutura
Sara todas as feridas
Me ensina a ter santidade
Quero amar somente a Ti
Porque o Senhor é meu bem maior
Faz um milagre em mim.[98]

---

[98] *Como Zaqueu*, composição de Ângela de Jesus Oliveira, interpretada por Regis Danese.

Um espírito pode beneficiar-se com o que provém do exterior, mas o seu verdadeiro mundo é aquele criado por seus pensamentos, atos e aspirações. O pensamento é tudo.

Emmanuel

⁹⁹ *Dicionário da Alma*, psicografia de Francisco Cândido Xavier, FEB.

Acredite na vitória

Creia na influência e na vitória do bem com tanta convicção que não possa prender-se a qualquer ideia do mal.

André Luiz[100]

CATHERINE PONDER, PESQUISADORA DAS LEIS MENTAIS, afirma que, certa feita, uma revista médica relatou um curioso incidente sobre a influência do pensamento sobre o corpo. Eis o caso:

"Um médico diagnosticou casos de dois homens que o consultaram. Ele deveria avisá-los do resultado no dia seguinte por carta. Ele escreveu a um que ele não tinha nenhuma doença, mas disse ao outro que a condição dele era muito séria e, indo para as montanhas, ele poderia prolongar a vida por um tempo, porém seu coração estava mal e, por fim, ele morreria.

Por engano, as cartas foram trocadas, e o jovem homem saudável recebeu a carta contendo as palavras que seu caso não tinha esperança. Imediatamente, ele desistiu do trabalho e foi para

---

[100] *Respostas da Vida*, psicografia de Francisco Cândido Xavier, IDEAL.

as montanhas, onde, depois de algum tempo, faleceu. O paciente para o qual esse diagnóstico era destinado recebeu as palavras que lhe diziam estar em perfeita saúde e, em pouco tempo, ele era a própria figura da saúde".[101]

Por essa história, perceberemos que todo o processo de cura e libertação começa pela renovação dos nossos pensamentos. Dificilmente alguém conseguirá agir positivamente tendo na mente ideias predominantemente negativas. Esse fenômeno se explica pelo fato de que o homem não é apenas um ser corporal. Ele é uma alma com um corpo e não um corpo com uma alma. Percebeu a diferença? A nossa essência imortal é a alma, não visível aos nossos olhos. O corpo é a realidade material, secundária e transitória. Sendo a alma a essência imortal, ela é quem pensa e sente, ela é quem influencia o corpo, ela é quem atrai todas as experiências da nossa jornada. O corpo sem a alma é apenas um cadáver. Isso comprova que a parte invisível de nós é quem governa a parte visível. Quando a alma se enfraquece, o corpo se abate e os problemas se agigantam. Na Bíblia, colhemos este provérbio de Salomão:

> O coração alegre é bom remédio, mas o espírito abatido faz secar os ossos.[102]

Daí porque podemos afirmar que as soluções para os nossos problemas começam do invisível para o visível, do espírito para a matéria. Toda transformação em nossa vida começa por dentro de nós, começa pela parte invisível, mas que é a mais poderosa e a única capaz de mudar algo em nossa existência. Somente mudando o mundo de dentro é que conseguiremos mudar o mundo de fora. Na célebre obra *O Pequeno Príncipe* está dito:

---

[101] *Leis Dinâmicas da Cura*, Centro de Estudos Vida & Consciência Editora.
[102] Provérbios 17, 22.

Só se vê bem com o coração. O essencial é invisível para os olhos.[103]

O mundo interior é o mundo da alma que pensa e sente e que sabe que está ligada a uma fonte superior de onde emana força, bondade e sabedoria. Sem mudar por dentro, quase nunca se consegue mudar por fora. Vejo pessoas lutando muito na vida em busca dos seus objetivos, mas carregam interiormente pensamentos limitantes, negativos, quando não pensamentos opostos aos objetivos que estão perseguindo. Pensando assim, dificilmente chegarão aos resultados desejados apesar dos esforços que estejam fazendo.

O pensamento é uma poderosa força eletromagnética que pode abrir portas ou fechar caminhos.

A alma, ou espírito, é um ser essencialmente energético, e sua energia varia de acordo com o padrão de pensamentos e sentimentos que está irradiando. Quando alguém alimenta pensamentos tristes, estará produzindo uma energia negativa correspondente, e essa energia se volta contra a própria pessoa que a produziu, deixando-a abatida, doente e sem forças para enfrentar os desafios da sua vida. Nenhum tipo de pensamento deixa de ser compartilhado pelo corpo. A mente está conectada com cada célula do nosso organismo, de modo que qualquer tipo de pensamento, positivo ou negativo, reverbera em cada célula e em cada órgão do corpo.

Do ponto de vista espiritual, quase todas as moléstias são doenças da ideia.[104] A ideia doentia, quando se prolonga, afeta o

---

[103] *O Pequeno Príncipe*, Antoine de Saint-Exupéry, Agir.
[104] *Instruções Psicofônicas*, Calderaro, psicografia de Francisco Cândido Xavier, FEB.

nosso corpo. O ódio que não passa, o desejo de vingança que se perpetua, o melindre que não cede, a mágoa que não se dissolve, o remorso que continua corroendo, a tristeza que não para, o ciúme que não cessa, tudo isso são ideias doentias geradoras de energias destrutivas que se convertem ao longo do tempo em doenças físicas e emocionais.

Vejamos que na história narrada no início deste capítulo o homem saudável acreditou que estava gravemente enfermo e veio a falecer, e o homem que de fato estava doente, por acreditar que não tinha doença alguma, continua vivo gozando de boa saúde. O que está na mente se projeta para o corpo. Por isso, somente vamos encontrar a cura real quando conseguirmos curar nossas ideias doentes, tirando-as da nossa mente tal como um cirurgião faz a extração do tumor do organismo. Quero que você preste atenção nas palavras que este Espírito, já do outro lado da vida, deu a respeito do poder dos bons pensamentos. Observe a profundidade do ensinamento que nos exorta a uma permanente atitude mental positiva sobre a vida, mesmo quando tudo pareça conspirar contra a nossa felicidade.

> Não nos esqueçamos de que os nossos pensamentos otimistas muito podem no serviço da regeneração das células enfermas. Não acredite na irreversibilidade do carma que, sem dúvida, pode ser alterado na permuta da dor pelo bem.[105]

Mas o pensamento negativo não se limita a atingir apenas o organismo. Voltemos àquela ideia de que a alma é energia, é uma usina poderosa de forças, e, se essas forças não estiverem canali-

---

[105] *Muito Além da Saudade*, Espíritos Diversos, psicografia de Carlos A. Baccelli, Didier.

zadas positivamente, haverão de se voltar contra nós, produzindo malefícios em nosso caminho. Uma pessoa, por exemplo, que não acredita no próprio sucesso, que não crê em suas capacidades, que não enxerga o próprio valor, dificilmente encontrará oportunidades de crescimento em sua vida, chegando, inclusive, a acusar a sorte ou a Deus, quando na verdade deveria olhar para dentro de si mesma e verificar quanta negatividade existe no terreno dos seus pensamentos e sentimentos.

Crer para ver

André Luiz, entidade espiritual que escreveu diversas mensagens através de Chico Xavier, afirma que devemos crer firmemente na influência e na vitória do bem para que não haja espaço para o mal em nossa mente. A recomendação espiritual se justifica porque, se o mal ocupar espaço em nossa mente, ele irá se projetar em nossa vida. Daí o alerta para que venhamos a crer na vitória do bem com muita convicção. Lidando há vários anos com centenas de pessoas em atendimentos espirituais, percebo que muitas dão mais crédito ao mal do que ao bem. Noto que inúmeras delas montaram um cenário mental em que a dor e o sofrimento se tornaram como bancos de uma praça onde a pessoa passará o resto de seus dias. Muitos até querem o bem, o sucesso, a saúde, mas por dentro não acreditam que possam desfrutar dessas condições e por isso inclinam seus pensamentos para o negativismo. E a cura e a libertação passam necessariamente pela alteração dessa perspectiva trágica e maligna que se instalou na mente da maioria das pessoas.

Precisamos ficar atentos a este conselho de Paulo, o Apóstolo:

> E não vos amoldeis ao sistema deste mundo, mas sede transformados pela renovação das vossas mentes, para que

experimenteis qual seja a boa, agradável e perfeita vontade de Deus.[106]

Que palavras libertadoras Paulo nos apresenta. Ele diz que a vontade de Deus para nós é boa, agradável e perfeita. Isso quer dizer que Deus deseja para nós coisas boas, agradáveis e perfeitas. Nisso devemos crer e não no sistema do mundo que muitas vezes quer nos derrubar. A nossa mente deve estar em Deus, nessa vontade boa, agradável e perfeita que Ele tem para cada um de nós.

> *O sistema do mundo pode querer o seu fracasso, mas a vontade de Deus é a sua vitória.*
> *Muitos poderão desejar que você chore, mas a vontade de Deus é que você sorria.*
> *O mundo pode lhe roubar todas as oportunidades, mas a vontade de Deus sempre lhe abre uma nova porta.*
> *As pessoas podem dizer que você jamais dará certo na vida, mas a vontade de Deus prepara um caminho certo só para você.*
> *Todos podem ter desistido de você, mas a vontade de Deus é estar juntinho do seu coração nos instantes mais solitários da sua existência.*

Entretanto, para experimentarmos tudo isso, é preciso renovar a nossa mente, como aconselha Paulo: "Sede transformados pela renovação das vossas mentes, para que experimenteis qual seja a boa, agradável e perfeita vontade de Deus". É a condição sem a qual não conseguiremos cura e libertação. Seremos transformados pela renovação das nossas mentes. Sem a renovação mental, não

---

[106] Romanos 12, 2. *Novo Testamento com Salmos e Provérbios*, King James, Edição de Estudo, Abba Press Editorial.

conseguiremos experimentar as coisas boas que Deus preparou para nós. Sem a renovação da nossa mente, não haverá renovação das nossas células doentes, não haverá transformação das energias negativas que nos acompanham, não haverá abertura de caminhos para a nossa prosperidade, nem haverá espaço para que o amor entre em nossa vida. É possível concluir que muitos dos nossos problemas são originários do excesso de pensamentos negativos acumulados em nossa mente. Pensamentos que nós aceitamos e validamos, e que agora carecem de ser eliminados.

Como realizar a renovação mental

1. O primeiro ponto é acreditar qual é a vontade que Deus tem para mim. Já vimos que essa vontade é boa, perfeita e agradável. Deus quer o melhor para mim. Portanto, não dê crédito em sua mente para as ideias equivocadas de que Deus o castiga, que Deus não se importa com você, que Deus está distante dos seus problemas. Cultive, com todas as suas forças, a ideia de que Deus o ama como Pai devotado e cuidadoso, e que está sempre disposto a fazer tudo pelo seu progresso. Alimente-se diariamente com estes pensamentos tirados dos Salmos de Davi:

> Mas tu, Senhor, és o escudo que me protege, minha glória e o que me ergue a cabeça.[107]
>
> Em paz me deito e logo adormeço, porque só tu, Senhor, me fazes viver seguro e sem medo.[108]
>
> O Senhor é meu pastor; nada me faltará. Em verdes prados me faz descansar, e para águas tranquilas me guia em paz. Restaura-me o vigor e conduz-me nos caminhos

---
[107] Salmo 3, 3.
[108] Salmo 4, 8.

da justiça por amor do seu Nome. Ainda que eu ande pelo vale da sombra da morte, não temerei mal algum, pois tu estás comigo.[109]

Converteste o meu pranto em dança; substituíste o meu traje de luto por roupas de alegria. Para que todo o meu ser cante louvores a ti e não se cale.[110]

O Senhor é o Deus que me reveste de poder e faz o meu caminho perfeito.[111]

O Senhor é o meu penhasco e minha fortaleza, quem me liberta é o meu Deus. Nele me abrigo; meu rochedo e o poder que me salva, minha torre forte e meu refúgio.[112]

2. Pense positivo através de imagens mentais positivas. Todo pensamento cria uma imagem em nossa mente. Tendemos a nos comportar de acordo com as imagens mentais que criamos com os nossos pensamentos. Muitas pessoas querem mudar o comportamento, mas não mudam as imagens que fizeram delas mesmas. Em vão conseguirão mudar a atitude sem mudar o pensamento que criou aquela imagem limitante.

Nossa mente funciona com imagens. Se você tem um pensamento de medo de dirigir um automóvel, sua mente cria uma imagem correspondente, mais ou menos parecida com esta: você dirigindo o carro em meio a um congestionamento monstruoso, suando em bicas, com as pernas tremendo, o coração disparando, o motor morrendo a toda hora e você com vontade de fugir daquele local deixando o carro ali mesmo, e ainda por cima sendo "ovacionado" por todos os motoristas à sua volta. Essa imagem ficará gravada em sua mente e, todas as vezes que você tentar pegar

---
[109] Salmo 23, 1-4.
[110] Salmo 30, 11-12.
[111] Salmo 18, 32
[112] Salmo 18, 1-2.

o carro, o filme mental vai rodar e você provavelmente se comportará de acordo com as imagens gravadas por seus pensamentos.

O segredo, portanto, é criar imagens mentais fortes e convincentes de tudo aquilo que você deseja que aconteça, e não daquilo que não quer que aconteça.

Se você ficar pensando algo como "não posso me esquecer de pagar essa conta", sua mente irá criar a imagem de você exatamente se esquecendo de pagar a conta. Pense forte criando uma imagem positiva daquilo que você deseja que aconteça. A visualização persistente dos seus objetivos criará um forte campo eletromagnético capaz de atrair as situações favoráveis à concretização daquilo que você deseja. Não vamos esquecer que pensar é criar.

3. Pense com vontade. A Dra. Marlene Nobre, médica e profunda estudiosa das leis espirituais, tomando por base os ensinamentos de André Luiz, afirma que: "A ideia é um ser organizado por nosso espírito, a que o pensamento dá forma e ao qual a vontade imprime movimento e direção".[113] Portanto, ao pensar criando as imagens em sua mente, faça de tal forma que você tenha a absoluta convicção de que tudo aquilo que idealiza já é uma verdade em sua vida. A vontade de concretizar seus pensamentos deve ser tamanha que você sente na visualização que seus sonhos já são uma realidade. Sim, porque tudo o que ocorre no mundo material começou antes no campo energético através da conjugação de um pensamento firme aliado a uma vontade resoluta.[114]

---

[113] Pensamento: força criadora, artigo publicado na *Revista Cristã de Espiritismo*, ed. 93, Editora Vivência.
[114] Resoluto: que é firme em seus projetos, em seus desígnios, ousado, determinado, decidido. *Dicionário Houaiss da Língua Portuguesa*.

4. Decrete o bem em sua vida. Você vai decretar que a partir de hoje somente o bem vai ocupar a sua vida. É uma ordem que você está dando primeiramente à sua própria mente, eliminando assim toda a ideia do mal que ainda esteja envolvendo os seus pensamentos. O decreto é uma ordem legal, é uma lei que você está criando para sua vida. Você poderá elaborar esse decreto da forma como fiz para mim ou adaptá-lo de acordo com as suas necessidades:

Eu, José Carlos De Lucca, decreto harmonia, saúde,
paz e prosperidade para a minha vida.

Quando acordar, antes de iniciar suas atividades, proclame mentalmente o seu decreto, mas não seja um mero repetidor de palavras. Visualize e sinta como a mais pura verdade tudo aquilo que você está decretando em sua vida, e tenha fé inabalável que seus propósitos já estão se materializando, pois essa é a vontade boa, agradável e perfeita que Deus tem para você. Você poderá proclamar seu decreto durante outros momentos do dia e principalmente antes de dormir. Poderá, também, escrevê-lo em sua agenda ou caderno, afixar seu decreto na parede de seu quarto, na mesa de trabalho, enfim, nos locais em que você se lembrará constantemente da necessidade de crer, com total convicção, na vitória do bem, e crendo de tal forma que jamais haja espaço para o mal em seus pensamentos.

Pelo uso do decreto, você está colocando sua vida sob o foco do bem, por isso não haverá mais espaço para os pensamentos negativos que estavam predominando em sua mente.

5. É claro que todo esse trabalho mental não o isenta das atitudes necessárias para a concretização dos seus sonhos. Muitos trabalham arduamente no pensamento positivo, mas permanecem de braços cruzados esperando que a mera atitude mental seja capaz de transformar sonhos em realidade. A renovação mental positiva é fundamental, porque muitas vezes a energia formada pelos pensamentos negativos pode impedir ou dificultar a concretização das nossas metas, mesmo diante do esforço que poderemos fazer para atingi-las. Entretanto, somente mentalizar o bem sem realizá-lo em nossa vida também não nos levará aos objetivos desejados.

É preciso ter aquilo que o Dr. Wayne W. Dyer chama de "disposição", isto é, eu devo estar disposto a fazer o que é necessário para tornar meu sonho realidade: "A fim de transformar uma visualização em realidade no mundo da forma, você deve estar disposto a fazer o que for necessário para que isso aconteça. Este é o aspecto mais importante da visualização e da formação de imagens. Tudo que você pode visualizar em sua mente já está aqui esperando que você se conecte a ele. O que precisa ser acrescentado é o seu grau de disposição".[115]

Bem, lembra-se daquela história que contei no começo do capítulo sobre os dois homens que receberam o diagnóstico médico? Algo semelhante ocorreu neste momento. Eu estou sendo portador de um diagnóstico divino que mandaram entregar a você. Pode ser que você esteja se sentindo no fundo do poço, deprimido, desolado e sem saber para onde ir. Mas Deus mandou esse diagnóstico sobre o seu caso, tome essa receita, saiba que você pode estar abalado, mas não está destruído. Eis o resultado do seu exame assinado por Jesus:

> Tudo o que é impossível aos seres humanos é possível para Deus.[116]

---

[115] *Crer para Ver*, Nova Era.
[116] Lucas 18, 27. *Novo Testamento com Salmos e Provérbios*, King James, Edição de Estudo, Abba Press Editorial.

O homem amadurece quando reencontra a seriedade que demonstrava em suas brincadeiras de criança.

Nietzsche

[117] *Nietzsche para estressados*, Allan Percy, Sextante.

Nunca pare de sonhar

Ontem um menino que brincava me falou
Hoje é a semente do amanhã
Para não ter medo que este tempo vai passar
Não se desespere, nem pare de sonhar
Nunca se entregue, nasça sempre com as manhãs
Deixe a luz do sol brilhar no céu do seu olhar
Fé na vida, fé no homem, fé no que virá
Nós podemos tudo, nós podemos mais
Vamos lá fazer o que será.[118]

Essa música de Gonzaguinha tem me ajudado ao longo da vida a recuperar minhas próprias forças durante as inevitáveis crises que todos atravessamos. A melodia da canção é gostosa de ouvir, suave, traz uma incrível sensação de alegria e esperança. E a letra tem propostas firmes que nos colocam na trilha da cura e da libertação. Espero que você depois possa ouvi-la também, apreciá-la, porque agora eu quero conversar sobre as ideias tão belas que Gonzaguinha escreveu, e que nos farão um bem danado.

---
[118] Letra da canção *Nunca Pare de Sonhar*, de Gonzaguinha.

Ontem um menino que brincava me falou.

É preciso notar que todas as grandes lições mencionadas na canção foram contadas por um menino. É uma criança falando de verdades simples que nós adultos esquecemos. É possível se pensar que a pessoa quando se torna adulta parece perder um pouco da percepção das coisas simples e essenciais da vida. A luta pela sobrevivência material pode nos envolver num emaranhado de preocupações de tal ordem que nos tornamos pessoas tensas, medrosas, azedas, carrancudas, agressivas e mal-humoradas. E o pior de tudo é que esses estados emocionais em nada contribuem para a resolução das nossas dificuldades. Ao contrário, pioram tudo, desde a nossa aparência física, passando pela saúde, pela nossa energia, até chegar aos nossos relacionamentos.

Certamente por isso é que a canção fala de um menino dando conselhos tão especiais a um adulto em dificuldades. E esse menino brincava enquanto falava coisas profundas. Não é um paradoxo? A criança que brinca ensina o adulto desorientado. Não estaria o Gonzaguinha chamando a atenção para o fato de que talvez estejamos nos levando a sério demais e perdendo o foco daquilo que de fato é importante em nossa vida? Por que uma criança que brinca precisa nos acordar para verdades esquecidas? O que estamos esquecendo que uma criança pode nos lembrar? Muito provável que estejamos nos esquecendo de uma das perguntas mais profundas que Jesus nos fez:

> Pois que lucro terá uma pessoa se ganhar o mundo inteiro, mas perder a sua alma? Ou o que poderá dar o ser humano em troca da sua alma?[119]

---

[119] Mateus 16, 26. *Novo Testamento com Salmos e Provérbios*, King James, Edição de Estudo, Abba Press Editorial.

De que adiantaria conquistar toda a riqueza do mundo se tenho que perder minha alma para isso? Perder a alegria de viver, deixar de ser a pessoa que você verdadeiramente é, perder o convívio com a família, perder os amigos, a saúde, perder a espontaneidade, perder o sorriso, o prazer de se divertir, não ter tempo para estar ao lado de quem se ama. E o que faremos com dinheiro, fama e posição social se perdemos as coisas mais sagradas da vida? Nós não estaríamos vendendo nossa alma ao mundo? E o que as coisas deste mundo poderiam nos dar que sejam capazes de vestir nossa alma de alegria verdadeira e duradoura? Nada, absolutamente nada. Fama, poder e dinheiro não preenchem os buracos da nossa alma. Podem nos dar conforto e bem-estar, mas não compram a nossa felicidade.

A nossa qualidade de vida tem aumentado substancialmente ao longo dos últimos cinquenta anos, hoje desfrutamos de mais conforto, comodidade, melhores condições de higiene, temos mais lazer, informação, cultura, entretenimento, no entanto, paradoxalmente, os remédios antidepressivos são os mais vendidos em todo o mundo. O homem de hoje, desfrutando de todo esse avanço, não é mais feliz do que o homem de cinquenta anos atrás.

Meditemos nas palavras de Jesus:

> Deixai vir a mim os pequeninos e não os impeçais; pois o Reino de Deus pertence aos que são semelhantes a eles. Quem não receber o Reino de Deus como uma criança, de maneira alguma entrará nele.[120]

O ensinamento do Cristo aponta que é preciso ter alma de criança para entrar no Reino de Deus, o qual não é o céu visto

---

[120] Lucas 18, 16-17. *Novo Testamento com Salmos e Provérbios*, King James, Edição de Estudo, Abba Press Editorial.

como uma região geográfica celestial, mas sim como o céu interior de cada criatura onde reina o amor e a felicidade. Fazendo referência às crianças, Jesus faz nítida ligação entre os atributos da alma infantil e a felicidade. A criança é alegre, espontânea, sincera, amorosa, curiosa, participativa, vive intensamente o momento presente, não guarda rancor, não julga, não tem preconceito. O Cristo nos ensina a nos assemelharmos às crianças, pois assim estaremos vivendo a mais pura felicidade a que uma pessoa pode aspirar.

Precisamos deixar essa criança interior participar mais ativamente da nossa vida, tenho certeza de que muitas transformações positivas poderão ocorrer se dermos espaço para ela brincar com as nossas preocupações adultas.

É o seu aspecto adulto que continuará pagando as suas contas, mas é a sua criança interior quem lhe trará energia abundante para você trabalhar com mais ânimo, criatividade, confiança e intuição. Assim você realiza um serviço de melhor qualidade e terá o retorno financeiro correspondente.

Você continua como adulto em seus relacionamentos sociais, mas é a sua criança interna quem o deixa mais simpático, leve, compreensivo e tolerante. Todos vão gostar muito da sua companhia.

Você continua sendo pai ou mãe, mas é a sua criança interna quem vai fazer a ponte de contato com o coração emocional de seus filhos.

Você continua sendo homem ou mulher, mas é o seu lado criança quem a deixa mais feliz, segura, inteligente, bem-humorada, fascinante e sedutora, e tais atributos são os que mais atraem o sexo oposto. É verdade que a beleza física atrai, mas o que segura é a beleza interior. Está na Bíblia: "É melhor morar no deserto do que com uma mulher que vive resmungando e se queixando".[121] Mas também está dito aos homens: "Marido, ame a sua esposa e não seja grosseiro com ela".[122]

Segundo o pensador Heráclito, o homem está mais próximo de si mesmo quando consegue a seriedade de uma criança brincando.[123] E foi sabendo disso que o Gonzaguinha insere uma criança brincando dando os mais belos conselhos a um adulto infantil. E que conselhos são esses?

1. Hoje é a semente do amanhã.

O homem perde a felicidade quando despreza a oportunidade do dia que se chama hoje. Vive-se muito entre as lamentações do passado e as preocupações com o futuro. A criança nos ensina a cuidar do hoje. A explorar todas as possibilidades do agora, a não se queixar pelo que passou e nem se encher de expectativa pelo que virá. Hoje é o único dia que temos para plantar as sementes de tudo aquilo que nós desejamos colher em nosso caminho. Somente na perspectiva do hoje estamos realmente vivos. Passado e futuro são tempos mortos porque nada podem nos oferecer. Não há vida no ontem nem no amanhã. A vida é agora. Você está vivo agora. E quem joga a felicidade para depois está dizendo não para a felicidade agora. Isso é uma fuga do presente, uma fuga da felicidade, pois quem vive buscando a felicidade no amanhã jamais irá encontrá-la, pois alguém somente será feliz amanhã se viver toda a felicidade presente.

Por isso a criança fala que hoje é a semente do amanhã. E que sementes está plantando? O que está fazendo com o terreno que

---

[121] Provérbios 21, 19. *Bíblia Sagrada, Nova Tradução na Linguagem de Hoje*, Paulinas.
[122] Colossenses 3, 19. *Bíblia Sagrada, Nova Tradução na Linguagem de Hoje*, Paulinas.
[123] Citação feita pelo Dr. Wayne W. Dyer, *Muitos Mestres*, Nova Era.

Deus lhe deu para cultivar a felicidade? O que está fazendo com as oportunidades que tem em mãos? Não são as melhores? Mas são as que você tem e as que você precisa. Se precisasse de mais oportunidades, Deus lhe daria. Faça do seu presente o instante mais rico e produtivo da sua vida. Por favor, desperte, acorde desse pesadelo de achar que a felicidade foi perdida no passado e que somente retornará no futuro. Felicidade é para agora, independentemente do que esteja ocorrendo com você. Feliz é aquele que possui a habilidade de procurar e cultivar as coisas boas que já existem em sua vida. Vamos dar uma olhadinha à nossa volta agora mesmo?

2. Para não ter medo que este tempo vai passar.

Pode ser que hoje você esteja atravessando uma fase conturbada, que mil problemas estejam tirando o seu sono. Mas a criança interior, que representa a sabedoria divina em você, aconselha-o a não ter medo porque esse tempo ruim vai passar. O medo é o nosso pior inimigo, pois a Bíblia afirma que aquele que se mostra frouxo no dia da angústia tem a sua força diminuída.[124] Paulo, o Apóstolo, afirma:

> Porquanto Deus não nos concedeu espírito de covardia, mas de poder, de amor e de equilíbrio.[125]

Deus não o criou fraco, covarde e temeroso. Deus o concebeu com poder suficiente a vencer quaisquer lutas e dificuldades. Mas é o espírito de temor que diminui a nossa força. Visualize-se forte durante as tempestades, porque essa é a sua natureza. E saiba que a tempestade vai passar porque somente o bem é eterno. O

---

[124] Provérbios 24, 10.
[125] 2 Timóteo 1, 7. *Novo Testamento com Salmos e Provérbios*, King James, Edição de Estudo, Abba Press Editorial.

mal tem existência passageira porque ele não procede de Deus. O mal existe apenas na mente do homem, e por tanto acreditar no mal o homem acaba se envolvendo com ele. Quando fecharmos as portas para o mal em nossas mentes e em nossas atitudes, o mal desaparece como uma bolha de sabão. Mentalize firmemente:

A dificuldade está passando e eu estou cada vez mais forte.
A dor está diminuindo e eu estou cada vez mais resistente.
A doença está enfraquecendo e eu estou cada vez mais saudável.
A crise está perdendo força e eu estou cada vez enxergando novas oportunidades.
O sol está surgindo e estou me sentindo cada vez mais feliz.

3. Nem pare de sonhar.

Napoleão I, imperador da França, afirmou que a imaginação governa o mundo.[126] Poderíamos complementar dizendo que governa a nossa vida também. São os sonhos que nos movem, são as nossas aspirações que nos proporcionam forças descomunais capazes de superar quaisquer barreiras. A Bíblia afirma que sem lenha o fogo se apaga.[127] Os sonhos são a lenha da fogueira da nossa vida. As pessoas que param de sonhar, que abandonam seus desejos e aspirações, começam a morrer lentamente, independentemente da idade biológica que apresentam. Há muitos "velhinhos" cheios de vida e muitos "mocinhos" morrendo precocemente.

Quem fala sobre isso é o médico paulista Dr. Roberto Zeballos: "Portanto, mesmo aos quarenta, cinquenta ou aos cem anos, alimente-se de sonhos; o planeta é vasto e nele habitam

---

[126] *Dicionário das Citações*, Ettore Barelli e Sergio Pennacchietti, Martins Fontes.
[127] Provérbios 26, 20.

milhões! Procure algo novo para sonhar e realizar. Explore o desconhecido e seja o que chamo de um "jovem maduro" aos cem anos. Acredito que o espírito jovem, por uma simples intenção e desejo, modula e organiza nossas moléculas para a saúde. É muito comum percebermos pessoas abatidas, envelhecidas com frustrações e, enfim, rejuvenescidas com a satisfação pessoal. É o desejo mais uma vez que revela a sua força."[128]

É a criança que nos lembra da importância de continuar sonhando, sobretudo quando as crises se abatem sobre nós. Em minha experiência pessoal, quando as dificuldades se agigantam e eu sinto as forças enfraquecerem, retomo imediatamente os meus sonhos e projetos, reavivando todos em minha alma, imaginando como eles se realizarão, fazendo planos de execução daquilo que desejo realizar, e tudo isso me energiza de tal forma que me sinto revigorado para enfrentar corajosamente quaisquer turbulências. Por que você não faz isso também?

4. Fé na vida, fé no homem, fé no que virá.

Nenhum processo de cura e libertação se estabelece sem a presença da fé. Na canção, o menino abre a fé em três perspectivas. É preciso primeiramente ter fé na vida, isto é, ter a certeza de que a vida sempre está ao nosso lado. A vida não pode estar contra nós, porque nós somos também vida de Deus. Quando nossas expectativas não são atendidas, quando as coisas não ocorrem como nós gostaríamos, não podemos pensar que a vida esteja contra nós. O que muitas vezes nos parece um mal nada mais representa do que a bondade de Deus nos guiando para outros caminhos.

Na oração do Pai-Nosso, dizemos a Deus: "Senhor, seja feita

---

[128] *Desejo, logo realizo*, Editora Peirópolis.

a sua vontade", mas brigamos com Deus quando a nossa vontade não é atendida. É claro que devemos buscar a realização daquilo que aspiramos, no entanto muitas vezes Deus tem outros planos para nós, e é por tal razão que jamais deveremos perder a esperança quando as portas das oportunidades se fecharem em nosso caminho. Vamos nos recordar das palavras de Meimei:

> Deus tem estradas onde o mundo não tem caminhos.[129]

Uma situação adversa e incontornável não raras vezes significa que a vida quer nos levar para outro caminho, e nós devemos confiar na vida, porque ela é a expressão da sabedoria divina tecendo os fios do nosso destino. Nesses momentos, é bom mesmo cantar com o Zeca Pagodinho: "Deixa a vida me levar, vida leva eu..."[130]

Tendo fé na vida, minha confiança me leva também a ter fé no que virá, como consta da música. Hoje a situação pode não ser favorável, mas eu tenho fé que logo mais tudo há de melhorar. O plano de Deus é o de me levar a uma situação melhor da que me encontro, e eu me rendo ao desejo do meu Pai. Não quero brigar com a vida, porque isso seria ir contra o plano que Deus tem para me resgatar. Mas não coloco tudo nas mãos dele, e a criança me lembra que eu também preciso ter fé em mim. Fé em minhas capacidades de superação dos desafios, pois com essa fé eu sou capaz de remover montanhas. Sem essa fé em mim, eu não vou remover um grão de areia. Isso faz parte dos planos de Deus, treinar nas academias da vida o desenvolvimento dos nossos talentos adormecidos, a fim de que tomemos conhecimento dos nossos próprios potenciais e os coloquemos cada vez mais em prática.

---

[129] *Amizade*, psicografia de Francisco Cândido Xavier, IDEAL.
[130] Canção *Deixa a Vida Me Levar*, autoria de Serginho Meriti.

5. Nós podemos tudo, nós podemos mais, vamos lá fazer o que será.

Acredito que a maioria de nós esteja realizando menos do que poderia. A criança diz que nós podemos mais. Jesus disse também ao afirmar que nós poderíamos fazer obras até maiores do que Ele fez.[131] E por que não realizamos? Provavelmente porque não acreditamos que sejamos capazes. Cada um de nós delimitou em sua mente até onde pode chegar nesta vida. Tenho certeza que colocamos cercas muito próximas da nossa zona de conforto, quer porque isso não nos obrigaria a muitos esforços, quer porque nem mesmo acreditamos que podemos ir além do que imaginamos.

Você acreditaria que uma pessoa portadora de câncer, durante o tratamento quimioterápico e hospitalizada, teria condições de se submeter a um exame de vestibular e ainda ser aprovada? Você, como eu, provavelmente responderia que não. Mas o jovem Eduardo Piniano Pinheiro, contrariando todos os incrédulos, foi aprovado em três das principais universidades do país. Um dos vestibulares, o da Unicamp, foi realizado quando ele estava hospitalizado realizando quimioterapia.[132] Vou reproduzir as palavras do Eduardo, elas mexem com o leão adormecido que mora em nós:

> Precisei me concentrar bem para esquecer que estava em um ambiente que lembra a doença e, assim, focar só no vestibular e ter força para fazer tudo direito.

Eu acho que o menino do Gonzaguinha andou cantando para o Eduardo lá no hospital: *Fé na vida, fé no homem, fé no que virá, nós podemos tudo, nós podemos mais, vamos lá fazer o que será.*

---

[131] N.T. João 14,12.
[132] *Jornal S. Paulo Agora*, edição de 9 de fevereiro de 2011.

E você não acha que ele também está cantando para nós neste instante?

Escute um assovio se aproximando.

Uma voz de criança despreocupada chegando e começando a cantarolar baixinho no seu ouvido.

Escute...

Se a única maneira de se conseguir atenção, amor e relaxamento é através da doença, então haverá uma parte de você que sempre vai desejar estar doente. O câncer é um preço muito alto para resolver problemas que poderiam ser resolvidos através de alteração de regras para nos darmos permissão de prestar atenção às nossas necessidades.

Dr. O. Carl Simonton [133]

[133] *Com a Vida de Novo*, Summus Editorial.

Mensagem colocada na porta do consultório médico

O resfriado escorre quando o corpo não chora.
A dor de garganta entope quando não é possível comunicar as aflições. O estômago arde quando as raivas não conseguem sair.
O diabetes invade quando a solidão dói.
O corpo engorda quando a insatisfação aperta.
A dor de cabeça deprime quando as dúvidas aumentam.
O coração desiste quando o sentido da vida parece terminar.
A alergia aparece quando o perfeccionismo fica intolerável.
As unhas quebram quando as defesas ficam ameaçadas.
O peito aperta quando o orgulho escraviza.
O coração infarta quando chega a ingratidão.
A pressão sobe quando o medo aprisiona.
As neuroses paralisam quando a "criança interna" tiraniza.
A febre esquenta quando as defesas detonam as fronteiras da imunidade.[134]

EMBORA NÃO SE CONHEÇA A AUTORIA da mensagem acima transcrita, acredito que ela carrega em si muitas verdades sobre a influência dos nossos pensamentos e emoções sobre a

---
[134] Mensagem que circula em diversos sítios da internet, de autoria desconhecida.

saúde. Quando nos descontrolamos internamente, alteramos a nossa energia mental, e o corpo experimenta o mesmo desequilíbrio que se passa em nossos pensamentos. Corpo e espírito se influenciam mutuamente. Uma cólica renal tira o bom humor de qualquer um, mas um ataque de cólera pode muito bem trazer sérias complicações à nossa saúde. A expressão popular "morrer de raiva" não é tão alegórica como se pode pensar.

Emmanuel, guia espiritual de Chico Xavier, afirmou:

> Quantas enfermidades pomposamente batizadas pela ciência médica não passam de estados vibratórios da mente em desequilíbrio".[135]

Vejamos o interessante depoimento que um espírito deu aos filhos, através da psicografia, a respeito da doença que o levou à desencarnação: "As grandes tristezas podem nos ser a causa de enfermidades que a medicina não consegue debelar. Creio que enfrentei um problema cardíaco irreversível em decorrência dos meus complexos de culpa. Depois que a gente deixa o corpo é que observa quanto poderia ter deixado de errar. Um pouco mais de paciência e desprendimento, de renúncia e de amor nos evitariam muitos dissabores na vida que prossegue além da morte".[136]

É possível se deduzir do emocionante relato que a doença cardíaca poderia ter tomado outros rumos se houvesse da parte do enfermo uma conduta pautada no amor e no perdão. Se ele foi morto pelo cultivo sistemático da culpa, poderia ter sido salvo pela paciência e pelo perdão. No atestado de óbito estará escrito a causa da morte: infarto do miocárdio. No atestado de

---

[135] *Vinha de Luz*, psicografia de Francisco Cândido Xavier, FEB.
[136] *Muito Além da Saudade*, psicografia de Carlos A. Baccelli, Didier.

óbito espiritual, constará como causa: impaciência, irritação, mágoa, orgulho ferido.

O testemunho desse irmão desencarnado hoje já é respaldado por muitos médicos. Um estudo científico detectou que pessoas com determinadas características psicológicas são mais propensas ao infarto do miocárdio. De acordo com o Dr. Geraldo J. Ballone, médico psiquiatra: "Apesar de sempre se suspeitar de que o estado emocional alterado, a ansiedade excessiva e os conflitos emocionais crônicos estivessem relacionados ao aumento da incidência de enfermidades cardiovasculares, atualmente já se acumulou evidências suficientes para atestar que o estresse social e o comportamento chamado de tipo A aumentaram significativamente os riscos de doença cardiocirculatória, principalmente a doença coronariana do tipo infarto do miocárdio".[137]

E quais seriam as características psicológicas das pessoas com o comportamento tipo A e que foram mencionadas pelo Dr. Ballone? Veja a relação abaixo:

Características de comportamento no tipo A de personalidade

1. Tendência para procurar atingir metas não bem definidas ou muito altas.

2. Acentuada impulsão para competir.

3. Desejo contínuo de ser reconhecido e de progredir.

4. Envolvimento em múltiplas funções.

5. Impossibilidade prática (falta de tempo) para terminar alguns empreendimentos.

---

[137] Artigo publicado no site <http://gballone.sites.uol.com.br/psicossomatica/cardiologia3.html>. Acesso em 26 jul. 2011.

6. Preocupação física e mental.

7. Incapacidade de relaxamento satisfatório, mesmo em épocas de folga.

8. Insatisfação crônica com as realizações.

9. Grau de ambição está sempre acima do que obtém.

10. Movimentos rápidos do corpo.

11. Tensão facial.

12. Entonação emotiva e explosiva na conversação normal.

13. Mãos e dentes quase sempre apertados.

Interpretando as características referidas, o Dr. Ballone aponta um ponto central de ansiedade generalizada e de hostilidade manifesta ou dissimulada na personalidade do enfartado e que dão origem a aborrecimentos, irritação, rancor e impaciência, sentimentos que podem ser considerados os pontos centrais da personalidade tipo A. É claro que jamais se poderá desconsiderar outros fatores de risco do infarto, como a predisposição genética, o tabagismo, a hipertensão arterial, a elevação dos níveis de colesterol, o estresse cotidiano, a vida sedentária do homem moderno, a obesidade e a diabetes. No entanto, o que vem chamando a atenção dos médicos é que muitos enfermos não apresentavam esses fatores de risco, e nada obstante foram atingidos pelo infarto.

Sendo assim, a cura para qualquer enfermidade passa necessariamente pelos cuidados com o corpo e com o espírito. No Evangelho, vamos encontrar vários remédios para os doentes da personalidade tipo A.

1. Para a ansiedade, Jesus prescreve:

Não se preocupem com a comida e com a bebida que precisam para viver nem com a roupa que precisam para se vestir. Afinal, será que a vida não é mais importante do que a comida? E será que o corpo não é mais importante do que as roupas?

Vejam os passarinhos que voam pelo céu: eles não semeiam, não colhem, nem guardam comida em depósitos. No entanto, o Pai de vocês, que está no céu, dá de comer a eles. Será que vocês não valem muito mais do que os passarinhos?[138]

Por isso, não fiquem preocupados com o dia de amanhã, pois o dia de amanhã trará as suas próprias preocupações. Para cada dia bastam as suas próprias dificuldades.[139]

2. Para a hostilidade (irritação, impaciência e rancor), Jesus receita:

Felizes as pessoas que têm misericórdia dos outros, pois Deus terá misericórdia delas.[140]

Felizes as pessoas que trabalham pela paz, pois Deus as tratará como seus filhos.[141]

Se alguém fizer uma acusação contra você e levá-lo ao tribunal, entre em acordo com essa pessoa enquanto ainda é tempo, antes de chegarem lá. Porque, depois de chegarem ao tribunal, você será entregue ao juiz, o juiz

---

[138] Mateus 6, 25-26. *Bíblia Sagrada, Nova Tradução na Linguagem de Hoje*, Paulinas.
[139] Mateus 6, 34. Ibid.
[140] Mateus 5, 5. Ibid.
[141] Mateus 5, 7. Ibid.

*o entregará ao carcereiro, e você será jogado na cadeia.[142]
Vocês ouviram o que foi dito: "Ame os seus amigos e odeie os seus inimigos". Mas eu lhes digo: Amem os seus inimigos e orem pelos que perseguem vocês, para que vocês se tornem filhos do Pai de vocês, que está no céu.[143]*

3. Para a ambição desmedida, Jesus recomenda:

*Não ajuntem riquezas aqui na Terra, onde as traças e a ferrugem destroem, e onde os ladrões arrombam e roubam. Pelo contrário, ajuntem riquezas no céu, onde as traças e a ferrugem não podem destruí-las e os ladrões não podem arrombar e roubá-las.[144]
Pois onde estiverem as suas riquezas, aí estará o coração de vocês.[145]
Tenham cuidado com todo o tipo de avareza porque a verdadeira vida de uma pessoa não depende das coisas que ela tem, mesmo que sejam muitas.[146]*

4. Para o contínuo desejo de ser reconhecido, Jesus indica:

*Se alguém quer ser o primeiro, deve ficar em último lugar e servir a todos.[147]
Eis que agora os últimos serão os primeiros, e os primeiros serão os últimos.[148]*

---

[142] Mateus 5, 25. Ibid.
[143] Mateus 5, 43-45. Ibid.
[144] Mateus 6, 19-20. Ibid.
[145] Mateus 6, 21. Ibid.
[146] Lucas 12, 15. Ibid.
[147] Marcos 9, 35. Ibid.
[148] Lucas 13, 30. Ibid.

Quem se engrandece será humilhado, mas quem se humilha será engrandecido. [149]

Podemos notar, portanto, que no Evangelho iremos encontrar os mais eficientes remédios para a prevenção e cura das nossas moléstias. A medicina terrena nos ajuda a tratar das consequências físicas das enfermidades, enquanto a medicina espiritual cuida da alma doente que se desequilibrou, basicamente, por falta de amor. Tento explicar a relação entre doença e desamor. Está no Evangelho que Deus é amor.[150] Portanto, sendo Deus o nosso criador, podemos concluir que somos almas criadas pelo amor e concebidas para viver no amor, afinal de contas não fomos feitos à imagem e semelhança de Deus?[151] O amor é o oxigênio da alma. Quando falta o amor, o espírito definha, a energia enfraquece, e, portanto, o corpo se debilita. A enfermidade é um sintoma da falta de amor por nós mesmos, da ausência de amor pelo próximo ou da inexistência de amor pela vida. Ou tudo isso junto.

A doença é um convite para ouvir a si mesmo.

Precisamos tomar cuidado para que os tratamentos médicos ou espirituais que venhamos a fazer não encubram a mensagem de alerta que a doença veio nos trazer. Segundo o cancerologista Carl Simonton: "A doença é um sistema de *feedback*[152] do nosso organismo. Ela nos diz que devemos mudar. Antes de ficarmos doentes, sofremos emocionalmente, mas a maioria de nós não tem consciência e não presta atenção nisso.

---
[149] Mateus 23, 12. Ibid.
[150] I João 4, 8.
[151] Gênesis 1, 26.
[152] Retorno de informação.

E, se continuamos com essa visão não saudável, pensando e vivendo de modo negativo, aí chega a doença física. Ela nos força a parar e nos mostra que devemos mudar. Assim, a doença é um sistema de *feedback* embutido em nossa existência humana, nos ajudando a parar com aquilo que não é bom para nós".[153]

Se estivermos com o diagnóstico de uma gastrite de fundo nervoso, não bastará tomarmos o medicamento prescrito pelo médico, aliviando os sintomas, e ignorarmos o aviso que o corpo está nos mandando com a gastrite. Até porque não existe tecnicamente "gastrite nervosa", mas sim uma pessoa nervosa que desencadeia uma gastrite. Então o perigo é realizarmos um tratamento médico cuidando apenas dos efeitos da gastrite sem cuidar do dono da gastrite.

> **Tomemos a cautela para não permitir que o remédio nos faça esquecer as informações que a doença está nos mandando a respeito do mal que estamos fazendo a nós mesmos através do nosso proceder.**

O mesmo se diga em relação aos tratamentos espirituais. Muitos querem que Deus retire os sintomas das doenças, mas são esses sintomas que estão nos alertando sobre o sofrimento emocional que estamos passando sem darmos a devida atenção e cuidado. Certa feita uma senhora me procurou dizendo que tinha um problema no joelho fazia cinco anos, que sentia muita fraqueza nas pernas e que já estava com dificuldades para andar. Esclareceu-me que se tratava com um ortopedista e que simultaneamente fazia tratamento espiritual, mas sem

---

[153] *Com a Vida de Novo*, Ed. Summus.

obter qualquer melhora. Perguntei a ela desde quando os problemas físicos tiveram início e ela me disse que foi logo após o falecimento de sua mãe. Pedi que ela me dissesse o que sentia sobre a morte da genitora, e as lágrimas facilmente transbordaram de seus olhos. Soluçando, disse-me que sentia imensa falta da mãe, que se via desamparada sem a genitora, "que não tinha mais forças para continuar caminhando nesta vida sem a presença da mãe".

Pareceu-me claro que, afora os eventuais aspectos físicos ligados ao problema, aquela mulher se sentiu muito enfraquecida para continuar vivendo sem a companhia da genitora. Havia uma forte dependência emocional da filha para com a mãe, dependência essa que a desencarnação fez romper. A fraqueza nas pernas, a dificuldade para andar representavam a própria fraqueza que o espírito sentia com a ausência da genitora, sem cuja presença a filha se recusava inconscientemente a continuar vivendo.

Fiz ver a ela que nenhum remédio ou passe iriam curá-la sem que ela compreendesse a necessidade de prosseguir a sua vida na Terra sem a presença física da mãe. Ela precisava se libertar da dependência afetiva. Ela deveria aprender a sustentar-se emocionalmente e realizar a missão que Deus havia lhe reservado. Falei que ela precisava amadurecer, crescer interiormente, abastecer-se de amor, aprender a caminhar sozinha e a cuidar de si mesma. Ela entendeu a mensagem, reformulou-se interiormente, prosseguiu com o tratamento médico, continuou com os passes e em breve tempo os sintomas desapareceram por completo.

Dessa forma, da próxima vez que for procurar o médico, antes de entrar para a consulta, dê uma olhada na mensagem colocada na porta do consultório, a qual eu reproduzi no início deste capítulo. Ao sair da consulta, volte a olhar a mensagem. Siga as orientações do seu médico, mas não se esqueça das medicações prescritas pelo Médico Jesus, pois do contrário poderá lhe ocorrer o mesmo que sucedeu nesta história:

> *Jesus estava na casa de Pedro, em Cafarnaum, atendendo aos doentes e pecadores. Em dado momento, um velho judeu acercou-se de Jesus e pediu o perdão de pecados muito estranhos.*
> *No passado, fora uma autoridade muito forte na região, havia despojado vários amigos de suas terras, confiscado seus bens e deixara, sem remorso, muita gente na miséria. Com muita maldade, semeara no coração das pessoas, o desespero, a aflição e a morte. Por tudo isso, achava-se agora com a consciência pesada, aflito e muito perturbado. Os médicos não conseguiam curá-lo desse problema psicológico.*
> *O Mestre orou sobre o doente, em seguida disse-lhe:*
> *– Vá em paz e não peques mais!*
> *O idoso notou que sua vida mudara, sentiu-se curado e saiu, dando graças a Deus.*
> *Ao atravessar a extensa fila de sofredores que esperavam para atendimento, um pobre mendigo, sem querer, pisou-lhe numa chaga de seus pés. O ancião, recuperado, soltou um forte grito e agrediu o mendigo a bengaladas. Formou-se grande confusão. Jesus veio acalmar os ânimos. Chamou o senil e lhe disse:*
> *– Depois de receber o perdão por tantas faltas, você não podia desculpar o pequeno descuido do companheiro,*

em situação pior que você?
O velho judeu, muito pálido, com as mãos no peito suplicou a Jesus:
– Mestre! Socorre-me! Sinto-me recair nos mesmos erros. Que será isso?
Jesus respondeu-lhe:
Isso é o ódio e a cólera que novamente chamou a seu coração. Quando falta a paciência e o amor, você adquire amargura, perturbação e enfermidade.[154]

---

[154] História contada pelo Padre Adalíbio Barth, citada por Sérgio Guimarães Britto em seu livro *Cura Espiritual*, Imprensa Livre.

Eu acredito no sol,
mesmo quando não
ilumina.
Eu acredito no amor,
mesmo quando não o
sinto.
Eu acredito em Deus,
mesmo quando
permanece calado.

Escrito na parede de um sótão utilizado
por judeus que se escondiam dos nazistas.

Seu jardim secreto

Ame-se por ter a coragem de nascer no plano físico e de empreender esta jornada tão difícil. Ame-se pela conexão que você tem com o poder do universo. Ame-se pela sua maravilhosa condição humana, pela sua vulnerabilidade, pela sua perplexidade, até pela sua ignorância. Ame-se pela criança que você é. Você está aqui, na sua inocência, para crescer e aprender.

SHAKTI GAWAIN[155]

A ROCHA NA QUAL SE ESCORA todo e qualquer processo de melhoria íntima está no amor. E, se estamos precisando de cura e libertação, é sinal mais do que evidente de que estamos precisando de amor. Frequentemente observo pessoas atravessando graves crises e se tratando de uma forma tão cruel que dificilmente conseguirão encontrar uma luz no fim do túnel para o sofrimento. Elas se culpam por todos os seus fracassos, dizem que sempre fazem tudo errado, que não deviam ter nascido, que Deus jamais as perdoará por seus pecados, que não conseguem ser o que deveriam.

---
[155] *Momento de Despertar*, Pensamento.

Com esses sentimentos depreciativos, mergulham num tal estado de negatividade que somente conseguirão atrair para si maiores problemas e tragédias. A falta de amor por si mesmo é um dos maiores equívocos que poderemos cometer conosco. Amamos a quem admiramos, e, se somente temos críticas a fazer a nosso respeito, jamais iremos nos aprovar e, por conseguinte, jamais conseguiremos nos amar. Essa é a maior tragédia que poderia nos acontecer.

Emocionalmente, decretamos a seguinte sentença para nossa vida: "Eu não sou boa o suficiente". A partir dessa convicção, formamos uma imagem de nós mesmos de uma pessoa inadequada, incompetente, que jamais corresponde às expectativas, que sempre faz tudo errado, que está cheia de defeitos. E, a partir disso, fazemos muitas críticas a nós mesmos, paramos de achar qualquer virtude ou beleza em nós, e acabamos nos sentindo a pior pessoa do mundo.

Não preciso dizer que o que se passa no meu mundo interior é o que vai se projetar para o meu mundo exterior. É a partir dos meus pensamentos e sentimentos que eu crio a minha realidade externa.

Se dentro de mim não há luz, lá fora só poderá haver escuridão.
Se não houver espaço para o amor dentro de mim, jamais o amor vai entrar em mim.
Se eu me trato mal, o mundo não pode me tratar bem.
Se for dura comigo, a vida não vai ser maleável para mim.
Se não me respeito, as pessoas não me respeitarão.
Se achar que não mereço o melhor, o pior me acontece.
Se viver me agredindo com culpas, a violência começa a entrar na minha vida.

> *Se não me aceito do jeito que sou, o mundo também não me aceita.*
> *Se não me dou valor, as pessoas não me valorizam.*
> *Se não me amo, o mundo não pode me amar também.*

Louise Hay, escritora renomada no campo da cura emocional, faz uma pequena lista de algumas das formas de não amarmos a nós mesmos. Vale a pena conferir para ver se não estamos agindo sem amor para conosco:

> *Censuramo-nos e criticamo-nos de maneira interminável.*
> *Maltratamos nosso corpo com alimentos errados, álcool e drogas.*
> *Escolhemos acreditar que não somos merecedores de amor.*
> *Temos medo de cobrar um preço razoável pelos nossos serviços.*
> *Criamos doenças e dor em nosso corpo.*
> *Adiamos fazer coisas que nos beneficiariam.*
> *Vivemos no caos e na desordem.*
> *Criamos dívidas e fardos.*
> *Atraímos amantes e parceiros que nos diminuem.*[156]

O primeiro passo que deveremos tomar para a cura e libertação será o de pararmos com toda a maldade que estejamos fazendo conosco para deixarmos que o amor preencha a nossa vida e faça os grandes milagres que precisamos.

> **Se você não estiver bem consigo mesmo, você não estará bem com o resto do mundo.**

Nada lhe dará certo. Nenhum emprego será bom, nenhum relacionamento será satisfatório, nenhuma conquista o preencherá,

---
[156] *Você Pode Curar Sua Vida*, Editora Best Seller.

absolutamente nada estará bom para você. Você acordará desmotivado, cansado e o tédio dominará as longas horas do seu dia. Você se sentirá perseguido por um forte inimigo que é você mesmo. Mas há um espaço em nós onde tudo é belo, simples e maravilhoso. Um espaço onde a energia é exuberante, onde nossos caminhos se abrem, onde as portas se destrancam, onde a vida volta a ser feliz.

> ***Em nosso mundo interior há um jardim secreto onde nos abrigamos em paz, onde choramos sem vergonha, onde nos sentimos livres de julgamentos, onde nossa criança brinca despreocupada, onde nosso amor não tem limites, onde Deus mora conosco.***

Provavelmente julgamos que estejamos longe desse lugar e que acessá-lo é quase impossível. Não é verdade. Eu quero lhe ajudar a retornar ao seu jardim secreto. Sim, retornar, porque você já esteve lá quando foi criado por Deus. Saímos do nosso jardim encantado quando nos distanciamos do amor em nós. O jardim é um espaço só seu, construído por Deus na intimidade do seu ser, é a sua essência divina, o espelho onde você reflete toda a sua potencialidade de perfeição, alegria e amor.

Quando você está no seu jardim secreto, o mal não o atinge, pois só o bem é real e verdadeiro. O medo não se aproxima, pois você está seguro nas mãos de Deus. Você tem a pureza da criança, pois abandonou todos os julgamentos, principalmente os julgamentos que faz de si mesmo. Você abandona todas as guerras e lutas porque sabe que ninguém pode lhe tirar o que por direito lhe foi dado por Deus. Acessar esse jardim não é tão difícil assim, e nem está longe de nós. Jesus deu a sua localização:

Porque o Reino de Deus está dentro de vocês.[157]

Jesus apresentou o mapa do tesouro. Todas as riquezas que eu preciso Deus as plantou em mim. Está tudo lá. Nada nos falta. Amor, inteligência, paz, confiança, beleza, alegria e simplicidade são as sete flores que Deus semeou no meu jardim secreto. Acessá-lo é olhar para si mesmo com a mesma admiração que você tem por alguém em especial. O que você vê brilhar nos outros existe também em você. Aliás, é isso que lhe permite admirar alguém, pois só reconhecemos nos outros o que temos em nós mesmos. Quando você diz: "Que legal o que aquela pessoa fez, que coragem ela teve!", na verdade você está afirmando que em você também existe a coragem, talvez uma coragem que não vem sendo trabalhada, mas que inegavelmente existe plantada em seu jardim secreto.

Não devemos ter inveja de ninguém nem nos compararmos negativamente com quem quer que seja. Todos somos filhos de Deus criados com os mesmos potenciais. As mesmas flores que Deus plantou nos outros plantou-as também em mim. A diferença que talvez notemos é que algumas pessoas acreditam na existência do Reino de Deus dentro delas e outras – talvez a maioria de nós – continua duvidando da sua própria grandeza interior.

Vamos, portanto, acessar o nosso jardim. Num espaço onde você possa se asserenar por alguns minutos, vamos todos os dias nos recolher interiormente e imaginar um lindo jardim secreto onde só você tem acesso e onde estão as sete flores que Deus plantou em você (*amor, inteligência, paz, confiança, beleza, alegria e simplicidade*). Veja cada uma dessas flores, são lindas, exuberantes e perfumadas. E, olhando nitidamente para elas, diga, suavemente e com toda a convicção da sua alma:

---

[157] Lucas 17, 20. *Bíblia Sagrada, Nova Tradução na Linguagem de Hoje*, Paulinas.

Eu sou amoroso.
Eu sou inteligente.
Eu sou pacífico.
Eu sou confiante.
Eu sou belo.
Eu sou alegre.
Eu sou simples.

Faça isso diariamente, pelo menos quando acordar e antes de dormir. Mas poderá fazer mais vezes durante o dia, sobretudo quando sentirmos a negatividade nos envolver. Não basta repetir as afirmações sem senti-las como grandes verdades a nosso respeito. Imagine-se sendo tudo aquilo que você estiver afirmando. E assim fazendo você vai manifestando as virtudes naturais do seu espírito, porque, em essência, fomos criados à imagem e semelhança de Deus, e, portanto, em condições de expressar nossa natureza divina nas mais diversas situações de nossa vida. Como consta da mensagem que abre este capítulo, viemos à Terra para crescer e aprender. Sendo flores plantadas por Deus, viemos para florescer e não para sermos flores murchas e sem perfume, tampouco para sermos flores artificiais, sem vida.

Dizem que, certa feita, São Francisco de Assis teria dito a uma amendoeira: "Irmã, fale-me de Deus". E a amendoeira floresceu. Esse episódio revela o ensinamento do Alto de que todos nós nascemos para florescer, para desabrochar nossos potenciais perante a vida. Pode ser que algumas dessas flores não estejam sendo bem cuidadas por você. Se você se sente, por exemplo, muito inseguro, é porque não vem cultivando a flor da confiança, da confiança em si mesmo e da confiança em Deus. Então, trabalhe mais com essa flor, converse mais com ela, sinta toda a força que ela lhe transmite, todo o vigor, toda a fortaleza que vem do plantio que Deus fez em você. E assim pode proceder igualmente com as demais virtudes que você não está manifestando, não porque não as tem, mas porque não as cultiva diariamente.

Adube a terra do seu jardim.

1. Saiba que é Deus quem o nutre de amor. Nossa fonte de amor está em Deus. Se sua terra estiver seca, é porque não vem se abastecendo no amor de Deus. Talvez você esteja fugindo de Deus porque acredita que Ele esteja com um caderno nas mãos com as anotações de todos os seus erros, pronto para julgá-lo e condená-lo. Esqueça isso. Deus o ama por aquilo que você é e não por aquilo que você faz. Você deixaria de amar o seu filho só porque ele não fez a lição de casa ou porque ele um dia chegou embriagado em casa? Tenho certeza que não. Você talvez tivesse maior amor por ele para ajudá-lo a evitar novos problemas. Você acha que Deus agiria diferente conosco?

Deus está do nosso lado, afinal de contas Ele é o nosso Pai. Ele nos ama e sua missão de Pai é a de amar os seus filhos. Deus pensa mais em nossos acertos, e, quanto aos nossos erros, Ele tem planos para nos ajudar a vencê-los. Faça as pazes com Deus. Partindo-se da premissa de que Deus nos ama, somos levados a acreditar que Ele nos aceita e nos aprova dentro da evolução que hoje conseguimos alcançar. Amanhã seremos pessoas melhores, mas, enquanto isso não ocorre, Deus me ama e me aprova hoje. E, se Deus tem esse amor por mim, por que eu vou me tratar de uma forma cruel que nem mesmo meu Pai me trataria? Vou passar a me olhar como meu Pai me vê.

2. Seja o seu melhor amigo. É provável que você não dissesse ao seu melhor amigo as coisas pesadas que diz a si mesmo.

Você se dirige a um amigo afirmando que ele é um idiota, que vive fazendo as coisas erradas? Você diz que ele é feio, gordo e desajeitado? E por que muitas vezes diz tudo isso a você mesmo? Eu fico impressionado como somos duros conosco. Gosto desse pensamento de Robert Holden:

> A vida é difícil porque você é duro demais consigo mesmo. E ela se torna mais fácil, para você e para os outros, quando decide ser mais bondoso consigo".[158]

3. Elogie-se. As palavras carregam um poder magnético poderoso. Quando nos elogiamos, na verdade reforçamos energeticamente os potenciais que estamos manifestando, e isso nos libera uma força adicional de expansão de novas experiências de sucesso. Além do mais, o elogio é uma vitamina emocional que nos dá muito ânimo na vida. Eu percebo que ficamos esperando muito o elogio dos outros, porém nem sempre isso ocorrerá porque a tendência do ser humano é comumente destacar o que não está dando certo, e não o contrário.

Por isso, não vamos ficar na dependência de um elogio de fora, porque muitas vezes a própria pessoa de quem esperamos uma palavra de estímulo está na verdade é precisando ouvir um elogio da nossa parte. Vamos cuidar da nossa nutrição emocional. Se vier um elogio de fora, muito bom. Se não vier, eu já escutei os meus.

4. Pare de perder tempo com pensamentos negativos, improdutivos e inúteis. Eu fico observando como muitas vezes eu mesmo acabei criando problemas desnecessários com o meu modo de pensar e ver determinadas situações, deixando minha autoestima a zero. É a nossa maneira muitas vezes negativa e dramática

---

[158] *Ser Feliz, liberte o poder da felicidade em você*, Prumo.

de interpretar os fatos que nos leva a nocaute. Damos exagerada importância a nós mesmos. Por isso tem toda razão Martha Medeiros: "Pare de fazer fantasias, sentir-se perseguido, neurotizar relações, comprar briga por besteira, maximizar pequenas chatices, estender discussões, buscar no passado as justificativas para ser do jeito que é, fazendo a linha "sou rebelde porque o mundo quis assim". Sem essa. O mundo nem estava prestando atenção em você, acorde. Salve-se dos seus traumas de infância".[159]

5. Faça um "voto de bondade" para consigo. O objetivo é que você adote atos concretos de bondade para si mesmo, e que não apenas fique teorizando sobre a importância de se amar e ao mesmo tempo continuar se tratando como a pior pessoa do mundo. Vou apresentar a lista sugerida por Robert Holden:

> *Serei menos autocrítico e vou comemorar mais meus sucessos.*
> *Serei mais aberto a aceitar o amor e a ajuda das outras pessoas.*
> *Vou parar de me pressionar tanto e sair mais para me divertir.*
> *Vou gostar mais do meu verdadeiro eu, vou sorrir quando me pegar comparando negativamente com os outros.*
> *Serei mais compassivo comigo mesmo quando não me sentir forte e positivo.*
> *Serei gentil com a minha criança interior que, às vezes, sente medo do mundo.*[160]

---

[159] *Amigo de si mesmo*, jornal Zero Hora, de 04/10/09, citação constante do livro *Cura Espiritual*, de Sergio Guimarães Brito, Imprensa Livre.
[160] *Ser Feliz, liberte o poder da felicidade em você*, Prumo.

Agora eu acredito que você já esteja em condições de entrar no seu jardim secreto. Vá para lá assim que puder. Há tanta coisa boa para você fazer, tantas flores a cuidar, tanta paz a sentir, tanto amor a dar, tudo isso começando por si mesmo. Não demore a ir porque estou certo que você tem visita por lá.

É Deus quem o aguarda há tanto tempo te oferecendo o colo e o ombro amigo.

O homem que não ama é um cadáver que respira.

Jerônimo Mendonça [161]

¹⁶¹ *Escalada de Luz*, Lar Espírita Pouso do Amanhecer.

Você não é um cadáver

*Lázaro, venha para fora.
E o morto saiu. Os seus pés e as suas mãos estavam
enfaixados com tiras de pano, e o seu rosto estava enrolado
com um pano. Então Jesus disse:
Desenrolem as faixas e deixem que ele vá.*[162]

UM DOS MAIS CONTUNDENTES CASOS DE CURA e libertação que tive conhecimento ocorreu com uma jovem gestante, Fernanda, que sofria de insuficiência respiratória gravíssima em decorrência de uma pneumonia fulminante. Ela estava internada na UTI do Hospital Albert Einstein e mantinha-se à custa de aparelho que enviava oxigênio puro aos seus pulmões. O também jovem médico que a acompanhava à época, o Dr. Roberto Zeballos, passava horas na UTI ao lado de Fernanda lidando com um grave dilema: era preciso baixar a taxa de oxigênio puro que era de 100% para 90% ou 80%, pois a excessiva oxigenação sanguínea poderia trazer riscos letais à paciente. De outro lado, quando se reduzia a oxigenação, Fernanda experimentava um desconforto intenso e angustiante decorrente da falta de ar.

---

[162] João 11, 43-44. *Bíblia Sagrada, Nova Tradução na Linguagem de Hoje*, Paulinas.

| Cura e Libertação |

A situação era muito difícil e de prognósticos sombrios. Tanto é assim que um médico plantonista que trabalhava no local disse ao Dr. Roberto: "Você está tratando um cadáver".

O comentário do plantonista, porém, mexeu com os brios do Dr. Zeballos e ele narra que, em vez de aceitar as estatísticas médicas e desistir, resolveu entrar, de acordo com suas próprias palavras, com a energia vital da parte mais profunda do seu ser, decidindo dedicar-se mais ainda à cura de Fernanda. Vou deixar que o próprio Dr. Zeballos conte o que fez a partir de então:

"Ela (Fernanda) era mãe de um menino de dois anos e esperava o segundo filho. Nesse momento, peguei na mão da paciente e alimentei-a de pensamentos positivos. Juntos, nós a imaginamos já curada, cuidando dos filhos, da família. Visualizamos sua importância no futuro do filho. Coisas simples, como levá-lo à escola, ajudá-lo na lição de casa. O mais interessante e bonito é que nessas conversas, verdadeiros exercícios mentais imaginários, Fernanda necessitava de menos oxigênio, sua pressão arterial e frequência cardíaca alcançavam medidas equilibradas. Muitas vezes, ela, em crise de ansiedade, demonstrava falta de senso e orientação. O simples fato de pegar-lhe na mão, de sussurrar-lhe palavras de otimismo, a acalmava. Fazia com que se tranquilizasse. Passados alguns dias, com tratamento médico adequado, competente e moderno, a paciente teve alta da UTI".[163]

Digna de aplauso a atitude do Dr. Zeballos. Se ele aceitasse o prognóstico do seu colega, Fernanda teria mesmo virado um cadáver. E qual foi a espécie de intervenção que ele realizou em favor da paciente? Dr. Zeballos simplesmente reacendeu nela a vontade de viver. Com o gesto carinhoso de segurar-lhe as mãos,

[163] *Desejo, logo realizo*, Editora Peirópolis.

e utilizando palavras carregadas de ânimo, ele conseguiu ativar a energia vital da paciente, restituindo-lhe a saúde, resgatando-lhe a vida que descia velozmente a ladeira da morte.

Essa energia está essencialmente ligada à missão que cada um veio realizar aqui no plano terreno. Ninguém renasce na Terra sem uma tarefa definida, sem uma missão a realizar, sem uma lição a aprender. E qual seria essa missão? Basicamente ela se desenvolve em dois planos:

Temos a missão de nos tornar pessoas melhores e de melhorar o mundo à nossa volta.

Quanto mais empenhados estivermos em cumprir nossa missão, mais ativaremos a energia vital que Deus nos concedeu quando de nosso ingresso na vida terrena exatamente para realizar nosso propósito de vida. Já quanto mais afastados estivermos da nossa missão, a energia vital acaba sendo desperdiçada e nossas forças diminuem, o desânimo se apodera de nós, as doenças se manifestam com mais frequência e a morte acaba vindo mais depressa. Muitas depressões se explicam por esse mecanismo do distanciamento da nossa missão de vida.

O Dr. Zeballos fala claramente que seu papel foi o de motivar Fernanda a optar pela vida! Ele a reconectou à missão que ela veio realizar no mundo. A missão da maternidade. Deveria haver outras, mas naquele momento a mais importante era a maternidade, sobretudo porque Fernanda estava grávida. A partir dessa conexão, Fernanda entra novamente em sintonia com sua missão existencial, e a partir disso a energia vital é inteiramente restabelecida e canalizada para o cumprimento da tarefa para a qual ela veio ao mundo. Nesse instante, a cura se estabelece e a vida volta a soprar em seu corpo.

| Cura e Libertação |

Talvez hoje nos encontremos em uma situação parecida com a de Fernanda. Pode ser que estejamos gravemente enfermos ou com as forças inteiramente combalidas diante de intrincados problemas. É possível que estejamos sentindo que não teremos mais forças para resistir e que a morte seja a única saída.

Mas peço que você recue urgentemente nessa forma de pensar. Pare com essas ideias tristes e desanimadoras. Dê uma ordem mental firme expulsando tais pensamentos de sua mente. Diga, assim, com muita firmeza e convicção, até atingir um estado de paz interior:

Eu expulso da minha mente toda e qualquer ideia de morte, fracasso ou derrota.

Você pode não ter agora ao seu lado o Dr. Zeballos segurando as suas mãos e dizendo palavras de encorajamento a você. Mas você tem Jesus a lhe dizer palavras ainda mais poderosas.

Existe um lugar em você onde há perfeita paz. Existe um lugar em você onde nada é impossível. Existe um lugar em você onde reside a força de Deus.[164]

Você tem ao seu lado o Espírito mais perfeito que já pisou o chão deste planeta. Você tem o homem mais amoroso que viveu na Terra. Você tem ao seu lado o melhor amigo com quem poderia contar numa hora dessas. Jesus já viveu esse momento com tantas outras pessoas, já reacendeu a vida em milhares de pessoas e eu sinto que Ele deseja fazer isso com você nessa hora. Eu não sou ninguém para anunciar o desejo de Jesus, não tenho mérito espiritual algum para isso, mas uma força descomunal passa por mim neste momento a me fazer sentir que Jesus deseja imensamente curá-lo e libertá-lo

[164] *Um Curso em Milagres*, Foundation For Inner Peace.

da cruz do seu sofrimento. Se Ele fez isso a Lázaro, retirando-o do túmulo, pode fazer isso a você também. Por que não? Não somos diferentes de Lázaro, nem da filha de Jairo a quem Jesus também restituiu a vida.[165] Nem de Fernanda que foi curada por Jesus pelas mãos do Dr. Zeballos.

Jesus deseja resgatar a vida que dorme em você e usa este simples livro e este pobre escritor para curá-lo e libertá-lo. Lázaro estava no túmulo, todo enfaixado. E Jesus simplesmente lhe dá uma ordem: "Lázaro, venha para fora". Você talvez esteja no túmulo do medo, do desencanto, da amargura e da aflição. Mas Jesus chegou. Sinta-O tanto quanto agora eu estou sentindo pelo menos uma faísca do amor do Mestre. Ele se aproxima de você, olha-o em seus olhos fundos e caídos, mas os olhos dele são penetrantes e cheios de vida. E você, ligado aos olhos do Mestre, escute a ordem que Ele lhe dá. Escute-o pronunciar o seu nome e em seguida ordenar:

> *Venha para fora. Venha para a missão que você veio realizar neste mundo. Saia do túmulo do medo para viver aqui fora os seus sonhos. Opte pela vida que Deus soprou em você. Pense nas pessoas que ainda precisam muito de você. Pense nas coisas que só você pode realizar e que, se você faltar, elas permanecerão incompletas. A sua vida não pode ser uma sinfonia inacabada. Você não veio a este mundo para ser uma simples tentativa. Você veio para ser uma realidade. Sonhe com os sonhos que você ainda não realizou. Vibre com eles, se encante. Mas venha para fora concretizá-los. O mundo precisa disso. Você precisa disso. Pense que Deus necessita da sua*

---

[165] N.T. Marcos 5, 22-43.

| Cura e Libertação |

colaboração para melhorar este mundo. Está na hora de você voltar para a vida. Eu acabo de retirar todas as faixas de medo, vergonha, culpa e fraqueza que estavam lhe tirando a vida.
Agora, venha para fora, venha para a vida, você não é mais um cadáver.

Precisamos bater com mais insistência nas portas do coração de Nossa Senhora. Ela representa uma das maiores forças espirituais atuantes em nosso planeta.

Bezerra de Menezes [166]

¹⁶⁶ *Recados do Meu Coração*, psicografia de José Carlos De Lucca, Intelítera.

Maria, a mãe que cura e liberta

Quando Jesus, contudo, viu sua mãe e junto a ela o discípulo a quem Ele amava, disse à sua mãe: "Mulher, eis aí teu filho!" Em seguida, disse Jesus ao seu discípulo: "Eis aí a tua mãe!" E, daquele momento em diante, o discípulo amado a recebeu como parte de sua família.[167]

A CENA ACIMA NARRADA SE PASSOU no momento em que Jesus estava na cruz. É possível imaginar todo o sofrimento que Ele experimentou até aquele momento: a coroa de espinhos, os insultos e agressões dos soldados de Pilatos e a extrema dor provocada por pregos lhe rasgando a carne. Não bastasse tudo isso, Jesus ainda faceava o sofrimento moral de ver sua mãe acompanhando tudo bem de perto.

Podemos imaginar também quão grande foi o sofrimento de Maria. Se já é grande a dor de uma mãe que acompanha a doença terminal de um filho no hospital, mesmo que cercado de todos os cuidados médicos, podemos avaliar como era imensa a dor de

---

[167] N.T. João 29, 26-27.

| Cura e Libertação |

Maria ao acompanhar todo o suplício de Jesus e sem poder lhe dizer uma palavra, sem poder lhe fazer um carinho, sem poder lhe dar sequer um copo com água.

É nesse contexto de dor e sofrimento que Jesus dirige a Maria estas palavras: "Mulher, eis aí teu filho", e ao discípulo João, que estava ao lado de Maria no momento, o Mestre diz: "Eis aí a tua mãe". É evidente que Jesus não falava de uma ligação biológica entre os dois. João não era irmão carnal de Jesus. É preciso se fazer uma interpretação simbólica, tirar da linguagem figurada de Jesus o sentido real de suas palavras. E a interpretação que nos parece mais lógica é no sentido de que o Mestre, sentindo que sua morte era uma questão de horas, outorga a Maria uma nova missão: a de deixar de ser sua mãe biológica e a de vir a ser mãe de toda a humanidade. João, o único discípulo que se encontrava naquele momento próximo a Jesus, foi tomado como figura simbólica de todos os homens e mulheres que teriam a partir daquele instante a figura de Maria como mãe.

Eu me impressiono com o imenso amor de Jesus manifestado em instante tão doloroso. Mesmo experimentando as dores mais cruéis que um ser humano pode conceber, o Mestre é capaz de nos oferecer um presente. Ele nos dá a sua própria mãe, pedindo a ela que a partir de então seja mãe de todos nós. Vejamos que Jesus não pede a Maria algum carinho, não pede a Maria apoio, não chora diante da mãe, o que seria muito natural a qualquer um de nós. Jesus simplesmente pede a Maria que ela assuma a maternidade espiritual da humanidade. Aquele espírito tão dócil, humilde e amoroso, destinada pelo Alto a ser a mãe de Jesus na Terra, é designada pelo próprio filho a ser mãe de todos nós.

Maria aceitou amorosamente a missão que Jesus lhe pediu, missão que não terminou quando de sua desencarnação. Maria continua no mundo espiritual superior velando por todos nós e tem dado provas de sua presença socorrendo a milhares de pessoas em suas aflições, inclusive com aparições a diversas pessoas nas mais variadas partes do mundo. Isso explica o motivo pelo qual Mãe Maria tem tantos nomes: Nossa Senhora do Carmo, Nossa Senhora de Lurdes, Nossa Senhora de Fátima, Nossa Senhora Aparecida, etc. É o coração de mãe que se desdobra em mil para socorrer todos os seus filhos.

Maria nos ampara em nossas aflições porque ela também teve seu coração ferido e machucado. Ela enfrentou grandes obstáculos na condição de mãe de Jesus, mas superou a todos com fé, perseverança e amor. Além do mais, Maria teve uma vida muito parecida com a nossa, o cotidiano dela não era diferente do nosso. Ela partilhou a situação social e humilde da maioria das mães do povo. Como afirma Clodovis Boff, Maria era mulher do dia a dia:

> Maria desperta e se apronta, reza, arruma a casa, apanha água na fonte, faz pão, trabalha no campo, cuida do filho, fia, tece e lava roupa. Prepara comida e serve a ceia. Frequenta a sinagoga, sobe a Jerusalém para a Páscoa, vai a uma festa de casamento, a um nascimento, a um enterro.[168]

Por conhecer bem de perto as mais dolorosas aflições, tendo vencido todas elas pela condição que assumiu perante o anjo Gabriel como serva de Deus,[169] Maria se credenciou a ser a nossa grande intercessora junto a Jesus, nossa advogada nas causas difíceis. Isso ela já fazia quando esteve encarnada entre nós. Eu gosto de me lembrar do primeiro milagre que o Cristo realizou na

---
[168] *O cotidiano de Maria de Nazaré*, Editora Salesiana.
[169] N.T. Lucas 1, 38.

Terra.[170] Foi numa festa de casamento em Caná, região da Galileia. Maria e Jesus estavam presentes. E aconteceu o que de pior poderia ocorrer nos casamentos da época: o vinho acabou em plena festa. Eu fico imaginando a vergonha dos noivos e a insatisfação dos convidados. A festa terminaria antes da hora, e seria uma grande decepção para todos.

    Maria sente a aflição dos noivos. Ela se aproxima de Jesus e lhe diz que o vinho acabou. Jesus certamente já sabia desse fato. Todos na festa já sabiam, porque notícia ruim espalha-se facilmente. Mas é Maria quem provoca Jesus para realizar o seu primeiro milagre. O Cristo ainda relutou ao dizer à mãe que não havia chegado a sua hora. No entanto, Maria se dirige aos empregados e pede que eles façam o que Jesus pedir. Ao agir assim, indiretamente Maria suplicava a seu filho que não deixasse a festa terminar daquele jeito tão triste, mesmo sabendo que talvez ainda não fosse a hora de Jesus iniciar a sua tarefa pública. E o filho de Maria não resistiu aos apelos da mãe. Mandou encher de água seis potes de pedra que os judeus usavam nas cerimônias de purificação. E a água se transformou em vinho da melhor qualidade, para alívio dos noivos e satisfação de todos.

    Até hoje Maria continua intercedendo a Jesus para que não deixe faltar vinho na festa de nossa vida. Nenhuma mãe quer ver o filho triste, enfermo, depressivo, derrotado. Maria é nossa mãe e se compadece do nosso sofrimento, ora nos socorrendo diretamente, ora intervindo junto a Jesus a nosso favor quando a solução dos nossos problemas esteja num nível tal que somente o Cristo é capaz de realizar o milagre de transformar dores em alegrias, doença em saúde, miséria em fartura.

---

[170] N.T. João 2, 1-12.

Maria sabe que está faltando vinho na festa de nossa vida. Ela sabe que está nos faltando saúde, paz de espírito, condições materiais mais dignas, união familiar, forças interiores para superarmos determinado problema, dentre tantas outras necessidades urgentes. Nossa mãe sabe que estamos fracos e que precisamos de socorro. Ela chora quando choramos, e está disposta a fazer de tudo para enxugar nosso pranto e estancar nossas dores. Ela falará com Jesus a nosso respeito, pedirá a Ele que transforme nossa vida, que faça o milagre da transformação da dor em alegria. Tenho certeza que, ao ler este livro, você está suplicando a Maria que ela interceda a seu favor junto ao Nazareno. Estou certo também que Ela fará isso, está fazendo neste exato instante. Pare um pouco com a leitura, e ore com Maria pedindo o auxílio necessário. A mãe sempre está com o coração aberto para escutar seus filhos. Maria quer ouvir o que você tem a pedir. Faça sua prece. E somente depois prossiga com a leitura.

Maria ouviu suas orações e já as encaminhou a Jesus. Mas, tal como ocorreu na festa de casamento, Maria, depois de falar com Jesus, pediu que os empregados fizessem tudo o que seu filho pedisse. E é isso o que Maria pede a você neste instante: *faça tudo o que Jesus lhe pedir.* Jesus somente realizou o milagre da transformação da água em vinho depois que os empregados encheram de água, a Seu pedido, seis potes que possibilitavam o abastecimento de aproximadamente cento e vinte litros cada um. Jesus não colocou a água nos potes. Isso ele pediu que os empregados fizessem. Maria nos pede que façamos o que Jesus nos pedir para que a cura e a libertação se realizem em nossa vida. Nossos potes estão vazios.

Vazios de amor.
Vazios de perdão.
Vazios de caridade.

| CURA E LIBERTAÇÃO |

Vazios de fé.
Vazios de perseverança.
Vazios de atitudes positivas.
Vazios de boa vontade.

Nosso pote está seco. Do que o pote da sua vida está vazio? Do que Jesus mandaria encher o pote da sua vida? Essa é a condição para o milagre da transformação. Jesus nos ajudará quando enchermos o nosso pote ainda ressequido pelo orgulho, pela descrença, pelo desamor. Maria avisou isso a nós. Mas hoje o nosso coração se enche de esperança ao sabermos que, com a intercessão de Maria, o pote da nossa vida pode se encher da água que se transformará no vinho da alegria, do amor e da paz. Maria fez a sua parte intercedendo ao Cristo Jesus a nosso benefício. Jesus está esperando fazermos a nossa parte enchendo o pote da nossa vida com a água das virtudes que nos faltam. Quando isso ocorrer, a transformação da água da dor em vinho de alegria será mais um dos milagres que Jesus vem realizando no mundo, graças à intercessão de nossa Mãe Maria.

No momento da crucificação, ao saber que Maria agora seria a sua nova mãe espiritual, João a recebe como parte de sua família. Espero que, a partir de agora, você possa também receber Maria como parte da sua família. Ela quer entrar na sua vida. Fazer parte da sua história. Tornar os seus dias mais felizes, aproximá-lo cada vez mais de Jesus. E, ajoelhados aos pés de Nossa Mãe, cantemos com o Roberto Carlos:

De joelhos aos Vossos pés
Estendei a nós Vossas mãos
Rogai por todos nós, Vossos filhos, meus irmãos
Nossa Senhora me dê a mão

| José Carlos De Lucca |

Cuida do meu coração
Da minha vida, do meu destino
Do meu caminho
Cuida de mim.[171]

---
[171] Canção *Nossa Senhora*, composição de Roberto Carlos.

Venham para a beirada.
Não, nós vamos cair.
Venham para a beirada.
Não, nós vamos cair.
Eles foram para a beirada.
Ele os empurrou, e eles voaram.

Guillaume Apollinaire

Você estará em meu coração

Vamos, pare de chorar, você vai ficar bem
Apenas pegue minha mão, segure forte
Eu te protegerei de tudo ao seu redor
Eu estarei aqui, não chore...
Para alguém tão pequeno, você parece tão forte
Meus braços te abraçarão, manterão você seguro e aquecido
Este laço entre nós não pode ser quebrado
Estarei aqui, não chore
Porque você estará em meu coração
Sim. Você estará em meu coração
De hoje em diante, agora e para sempre
Você estará em meu coração, não importa o que eles dizem
Você estará aqui em meu coração. Sempre.[172]

CHEGAMOS AO ÚLTIMO CAPÍTULO DESTE LIVRO. Espero que a viagem que você fez pelas linhas que escrevi tenha sido útil e proveitosa ao seu renascimento espiritual. Desde o início, quando me propus a escrever este livro, auxiliado pelas forças

---

[172] Trecho da canção *You'll Be in My Heart*, de Phil Collins, tradução encontrada no site <http://letras.terra.com.br/disney/11212/#traducao>.

divinas interessadas em nos socorrer, eu estava profundamente convicto de que, independentemente da gravidade do problema que estivéssemos enfrentando, nós seríamos capazes de nos curar de nossos próprios males.

> *Se nos tornamos doentes por escolhas contrárias ao amor, temos a mesma condição de recuperar a saúde ao permitir que o amor volte à nossa vida.*
>
> *Se nos aprisionamos ao sofrimento andando pelos caminhos tortuosos do orgulho, temos a opção de nos libertar da dor ao mudar para a estrada do amor e da caridade.*
>
> *Se nossos caminhos se fecharam pela forma negativa que passamos a viver, temos a possibilidade de abrir as portas do progresso pela positividade dos nossos pensamentos, palavras e atitudes.*
>
> *Se ontem estávamos brigados com Deus achando que Ele nos reservava uma série de castigos, hoje temos a condição de entender que Deus nos aprova e tem planos maravilhosos de progresso e felicidade para nós.*
>
> *Se ontem imaginamos cenários trágicos e catastróficos para nós, hoje compreendemos que a nossa missão na Terra é um projeto concebido para o sucesso e a felicidade.*

E tudo isso basicamente depende das escolhas que cada um fará a partir do momento em que fechar este livro. O que hoje experimentamos de desagradável em nossa vida foram escolhas que fizemos. Não escrevi este livro para que você se sentisse culpado pelas escolhas erradas que porventura tenha feito. Não, isso não vai ajudá-lo em nada, pois a culpa não deixa de ser uma escolha que se baseia na falta de amor. E isso é o nosso principal problema na vida: escolhas dissociadas do amor. Nossa *cura e libertação* dependem única e exclusivamente em somarmos o maior número possível de escolhas amorosas.

Como escreveu Marianne Williamson:

> Para Deus não existem mocinhos ou bandidos. Existem as escolhas amorosas que vão ao encontro da felicidade e as escolhas sem amor que vão ao encontro da dor. E quem trabalha para o milagre interpreta tudo aquilo que não é amor como um chamado para o amor.[173]

Este livro eu escrevi para que nós possamos atender a esse chamado para o amor. Todas as situações aflitivas de nossa vida devem ser interpretadas de acordo com essa ótica.

A doença é um chamado para o amor.
O vazio existencial é uma convocação para o amor.
O relacionamento conflituoso é um apelo para o amor.
O ódio é um chamado urgente para o amor.
A guerra é um chamado inadiável para o amor.

Este livro está chamando você para o amor. Que você escute o chamado para que reencontre a felicidade o quanto antes. Acho que já sofremos demais por rejeitar o amor em nossa vida. Estamos cansados de orgulho, prepotência, ódio, arrogância, violência, doença e miséria. Só o amor é capaz de nos salvar da dor e do sofrimento.

Por isso, cantando com Phil Collins (quem sabe você possa até ouvir agora esta canção enquanto lê minhas palavras finais), eu quero lhe dizer:

---

[173] *O dom da mudança*, Prumo.

Vamos, pare de chorar, você vai ficar bem.
Essa dor está passando porque o amor está voltando em sua vida.
Apenas pegue minha mão através deste livro, segure forte e sinta todo o desejo meu e de muitos amigos desta e de outra vida torcendo por você conseguir dar a volta por cima.
Eu estarei sempre aqui nas páginas deste livro, Jesus estará conosco, estaremos te protegendo com o nosso carinho, então não chore.
Nossos braços te abraçarão e manterão você seguro e aquecido. Você pode se achar pequeno, mas você é muito forte, jamais se esqueça disso.
Este laço que se criou entre nós é indestrutível, porque você estará para sempre em meu coração, e meu coração estará sempre aberto quando você se sentir fraco ou quiser chorar.
Nós estaremos aqui, não importa o que lhe aconteça, você estará sempre aqui em meu coração, porque pensei em você em cada linha deste livro, em cada página, em cada palavra, querendo que elas se transformassem em remédio para a sua cura e libertação.
Obrigado por existir, obrigado por ter me dado o privilégio de apresentar essas ideias para você, este laço entre nós jamais será quebrado, porque de hoje em diante, agora e para sempre, você estará aqui em meu coração.
Sempre.

Prece do anoitecer

Jesus, como fiz ao amanhecer, volto a orar para agradecer tudo o que de bom hoje recebemos do seu coração amoroso, sobretudo por nos mostrar seu rosto amigo em vários momentos deste dia que ora se encerra para mim.

Se nem tudo deu certo como eu queria, eu sei que terei o amanhã para corrigir e acertar na direção dos meus objetivos.

Se algum amigo se foi, eu sei que amanhã novos companheiros surgirão.

Se algum prejuízo experimentei, eu sei que amanhã o Senhor me abrirá novas portas de realização e progresso.

Se alguém me ofendeu, eu guardo a certeza que amanhã já acordarei com o coração limpo de toda mágoa.

Se prejudiquei alguém, tenho a certeza que amanhã terei a oportunidade de reparar o meu equívoco.

Vou dormir, Senhor, e enquanto entrego meu corpo ao leito, entrego também meu espírito aos seus braços misericordiosos.

Mais uma coisa que quero pedir, Jesus. Passe na casa de todos os meus amigos, de todos aqueles que hoje estiveram com este livro às mãos em busca de cura e libertação. E que o Senhor, atendendo mais uma vez aos apelos de Sua Mãe e Nossa Senhora, repita o milagre da transformação da água em vinho, agora transformando as palavras deste livro em remédios para a nossa alma. E assim nossa vida será uma festa de alegria e paz.

Muito obrigado, Jesus.

Dormirei como um menino na manjedoura do seu coração.

Para receber informações sobre nossos lançamentos, títulos e autores, bem como enviar seus comentários, utilize nossas mídias:

- 🌐 intelitera.com.br
- ✉ atendimento@intelitera.com.br
- ▶ youtube.com/inteliteraeditora
- 📷 instagram.com/intelitera
- 🅕 facebook.com/intelitera

Redes sociais do autor:

- 🌐 jcdelucca.com.br
- ▶ youtube.com/José Carlos De Lucca
- 📷 instagram.com/josecdelucca
- 🅕 facebook.com/orador.delucca
- 🎧 Podcast José Carlos De Lucca

Esta edição foi impressa pela Lis Gráfica e Editora no formato 160 x 230mm. Os papéis utilizados foram o Book Paper 70g/m² Imune Avena New para o miolo e Cartão Ningbo Fold 250g/m² para a capa. O texto principal foi composto com a fonte SabonNext LT 13/18 e os títulos com a fonte Eras Medium ITC 26/30.